FRANK STOLLBERG

Die verfassungsrechtlichen Grundlagen des Parteiverbots

Schriften zum Öffentlichen Recht

Band 298

Die verfassungsrechtlichen Grundlagen des Parteiverbots

Von

Dr. Frank Stollberg

DUNCKER & HUMBLOT / BERLIN

CIP-Kurztitelaufnahme der Deutschen Bibliothek

Stollberg, Frank
Die verfassungsrechtlichen Grundlagen des Parteiverbots. — 1. Aufl. — Berlin: Duncker und Humblot, 1976.
  (Schriften zum Öffentlichen Recht; Bd. 298)
  ISBN 3-428-03669-7

Alle Rechte vorbehalten
© 1976 Duncker & Humblot, Berlin 41
Gedruckt 1976 bei Buchdruckerei Bruno Luck, Berlin 65
Printed in Germany
ISBN 3 428 03669 7

Vorwort

Die Abwehr systemfeindlicher Kräfte stellt den demokratischen Staat im Unterschied zu Staaten mit totalitären Systemen vor erhebliche politische Probleme. Während es geradezu dem Selbstverständnis des auf ideologische Gleichschaltung bedachten totalitären Staates entspricht, oppositionelle Systemkritiker ohne Rücksichtnahme auf die fundamentalen Menschen- und Freiheitsrechte auszuschalten und zu unterdrücken, ist in der auf die optimale Verwirklichung von Freiheit angelegten Demokratie jeder Eingriff in die politischen Freiheitsrechte in hohem Maße legitimationsbedürftig. Erst wenn das in der täglichen politischen Auseinandersetzung sowie in Wahlen und Abstimmungen kontinuierlich stattfindende demokratische Ausleseverfahren nicht mehr die Gewähr für die systemkonforme Abwehr derjenigen Gruppen bietet, die die demokratischen Freiheitsrechte zum Kampf gegen das demokratische System mißbrauchen, ist in der Demokratie eine ausreichende Legitimationsgrundlage dafür vorhanden, diese Gruppen unter Zuhilfenahme staatlicher Zwangsmittel aus dem politischen Willensbildungsprozeß zu entfernen.

Das Institut des Parteiverbots, verfassungsrechtlich vorgezeichnet in Art. 21 Abs. 2 GG, wirft die angesprochene Grenzproblematik eines demokratischen Verfassungsschutzes wie kaum eine andere freiheitsverkürzende Verfassungsschutzmaßnahme auf. Anders als etwa die Eingriffsmöglichkeiten des Vereinsverbots (Art. 9 Abs. 2 GG) oder der Grundrechtsverwirkung (Art. 18 GG) richtet sich diese Maßnahme nämlich gegen eine Institution, die das Grundgesetz in Art. 21 Abs. 1 selbst als maßgeblichen Faktor der politischen Willensbildung ausweist. Das Hauptanliegen der vorliegenden, die verfassungsrechtlichen Grundlagen des Parteiverbots untersuchenden Arbeit soll deshalb darin bestehen, die einzelnen Voraussetzungen des Parteiverbots verfassungsrechtlich so zu konkretisieren, daß dieser schwere Eingriff in den demokratischen Willensbildungsprozeß als demokratische Verfassungsschutzsanktion begreifbar bleibt und ein unnötiger Substanzverlust der freiheitlichen demokratischen Grundordnung, die Art. 21 Abs. 2 GG ja selbst als Schutzobjekt enthält, vermieden wird. Dementsprechend werden auch die Schwerpunkte gelegt. Sofern Rechtsfragen auftauchen, die durch Annexregelungen des einfachen Gesetzgebers zu Art. 21 Abs. 2 GG entstanden sind, kann auf eine umfassendere Darstellung bzw. eine Erörterung überhaupt verzichtet werden, wenn diese Rechtsfragen die verfassungsrechtliche Grundsatzproblematik des Art. 21 Abs. 2 GG unberührt lassen. Soweit sich aus solchen Regelungen dagegen Fragestellungen ergeben, deren Lösung nur in engem Zusammenhang mit den in Art. 21 Abs. 2 GG getroffenen verfassungsrechtlichen Aussagen möglich erscheint, wird eine eingehendere Problemerörterung erfolgen.

Herrn Professor Dr. Christian Starck, der die Entstehung der Arbeit kritisch begleitete, bin ich zu herzlichem Dank verpflichtet.

Inhaltsverzeichnis

Erstes Kapitel

Art. 21 Abs. 2 GG im System der Verfassung

I. Die Entscheidung des Verfassungsgebers für die verfassungsrechtliche Regelung der Illegalisierung politischer Parteien 13
   1. Die Ausgangslage des Parlamentarischen Rates 13
   2. Art. 21 Abs. 2 GG als Reaktion auf Strukturschwächen der Weimarer Verfassung 14
      a) Organisationsrechtliche Strukturschwächen der Weimarer Verfassung 14
      b) Die altliberale Grundkonzeption der Weimarer Verfassung 16

II. Die verfassungsrechtliche Legitimation von Art. 21 Abs. 2 GG 18
   1. Die Möglichkeit der Verfassungswidrigkeit von Art. 21 Abs. 2 GG 18
   2. Die verfassungsrechtliche Legitimität von Art. 21 Abs. 2 GG ... 19
      a) Eigener Ansatz 19
      b) Kritik an den Überlegungen des Bundesverfassungsgerichts zur Legitimität von Art. 21 Abs. 2 GG 20

III. Art. 21 Abs. 2 GG im System der Staats- und Verfassungsschutzbestimmungen des Grundgesetzes 22
   1. Staatsschutz und Verfassungsschutz 23
   2. Art. 21 Abs. 2 GG und die weiteren Staats- und Verfassungsschutzbestimmungen des Grundgesetzes 23

IV. Art. 21 Abs. 2 GG und seine Funktionserfüllung im Verfassungsleben 24
   1. Die Problematik der Schutzfunktion des Art. 21 Abs. 2 GG 25
      a) Die bisherigen Anwendungsfälle 25
      b) Die Fragwürdigkeit praktikablen Verfassungsschutzes aufgrund von Art. 21 Abs. 2 GG 26
   2. Zur rechtsstaatlichen Funktion von Art. 21 Abs. 2 GG 28

Zweites Kapitel

Die materiell-rechtlichen Voraussetzungen der Parteienillegalisierung

I. Die Angriffs- bzw. Schutzobjekte 30
   1. Die freiheitliche demokratische Grundordnung 31

      a) Die Definition des Bundesverfassungsgerichts 32
      b) Die Behandlung des Begriffs in der Literatur 34
          aa) Der Interpretationsansatz Dürigs 34
          bb) Der Interpretationsansatz Schmitt Glaesers 35
          cc) Der Interpretationsversuch Hartmanns 36
      c) Eigener Lösungsversuch 38
          aa) Methodische Vorüberlegungen 38
          bb) Die Funktionalität des Begriffs und die sich daraus für die Interpretation ergebenden Konsequenzen 39
          cc) Die zur freiheitlichen demokratischen Grundordnung gehörenden Verfassungsprinzipien 40

  2. Der Bestand der Bundesrepublik 43

II. Die den Schutzobjekten zugeordneten Tatbestandselemente 45

  1. Das Tatbestandsmerkmal „darauf ausgehen" 45
      a) Die verfassungsrechtliche Eingrenzung des Begriffs „darauf ausgehen" 46
      b) Das Wiedervereinigungsgebot des Grundgesetzes und der Anwendungsbereich des Tatbestandsmerkmals „darauf ausgehen" 47

  2. Die Tatbestandselemente „Ziele der Partei" und „Verhalten ihrer Anhänger" 48
      a) Zur Tatbestandsfunktion der beiden Tatbestandselemente .. 48
      b) Ziele der Partei 49
      c) Verhalten der Anhänger 50

  3. Die Tatbestandsmerkmale „beeinträchtigen", „beseitigen" und „gefährden" 50
      a) Die Tatbestandsmerkmale „beeinträchtigen" und „beseitigen" 51
      b) Das Tatbestandsmerkmal „gefährden" 51

III. Zur Frage der subsidiären Anwendbarkeit des Art. 9 Abs. 2 GG auf politische Parteien 52

Drittes Kapitel

Das Entscheidungsmonopol des Bundesverfassungsgerichts und die sich daraus ergebende Schutzwirkung für materiell verfassungswidrige Parteien

I. Der verfassungsrechtliche Zweck von Art. 21 Abs. 2 S. 2 GG und die irreführende Bezeichnung „Parteienprivileg" 55

II. Die mit dem verfassungsgerichtlichen Entscheidungsmonopol zusammenhängende Schutzwirkung 57

  1. Die verfassungsrechtliche Qualifizierung der Schutzwirkung ... 57
      a) Übersicht über den zu dieser Frage vollzogenen Auslegungswandel 57

aa) Die Theorie von der rein deklaratorischen Wirkung des Verbotsurteils 58

bb) Die Theorie von der deklaratorisch-konstitutiven Wirkung des Verbotsurteils 58

cc) Die Theorie von der konstitutiven Wirkung des Verbotsurteils 58

b) Verfassungsrechtliche Kritik an der Theorie von der konstitutiven Wirkung des Verbotsurteils und eigene Meinung ... 60

2. Der Umfang der mit Art. 21 Abs. 2 S. 2 GG zusammenhängenden Schutzwirkung 61

a) Begrenzung anhand des erfaßten Personenkreises 62

b) Begrenzung aufgrund der erfaßten Handlungen 63

III. Exkurs: Die politische Betätigung für eine nicht verbotene verfassungswidrige Partei und die Verfassungstreuepflicht des öffentlichen Dienstrechts 65

1. Fragestellung 65

2. Der bisherige Meinungsstand 65

a) Die restriktive Interpretation der politischen Treuepflicht .. 66

b) Die extensive Interpretation der politischen Treuepflicht ... 67

3. Kritische Würdigung der bisher entwickelten Auffassungen ... 69

4. Eigene Problemlösung 70

Viertes Kapitel

Art. 21 Abs. 2 GG und die das Verbotsverfahren betreffenden Regelungen des Bundesverfassungsgerichtsgesetzes

I. Die verfassungsgerichtliche Entscheidungskompetenz 73

II. Die Einleitung des Verbotsverfahrens 74

1. Sind die antragsberechtigten Organe generell zur Antragstellung verpflichtet? 75

2. Die Grenzen des politischen Ermessensspielraums bei der Stellung des Verbotsantrags 76

a) Verfassungsrechtliche Verpflichtung zur Antragstellung? ... 76

b) Die mißbräuchliche Ausübung des Antragsrechts 77

Fünftes Kapitel

Die Rechtsfolgen der Feststellung der Verfassungswidrigkeit

I. Die Auflösung der für verfassungswidrig erklärten Partei (§ 46 Abs. 3 S. 1 BVerfGG) 79

1. Die an der Regelung des § 46 Abs. 3 S. 1 BVerfGG geäußerte Kritik 79

2. Eigene Stellungnahme 81

II. Die Einziehung des Parteivermögens 83

III. Der Mandatsverlust 83

Ergebnisse der Arbeit in Thesen   86

Literaturverzeichnis   89

Abkürzungen

Es werden die üblichen Abkürzungen verwendet. Darüber hinaus bedeutet:

A.A.	= anderer Ansicht
Abg.	= Abgeordneter
AöR	= Archiv des öffentlichen Rechts
Bay.	= Bayern, Bayerisch
BayBG	= Bayerisches Beamtengesetz
BayVBl.	= Bayerische Verwaltungsblätter
BayVGH	= Bayerischer Verwaltungsgerichtshof
BBG	= Bundesbeamtengesetz
BGBl.	= Bundesgesetzblatt
BGHSt.	= Entscheidungen des Bundesgerichtshofes in Strafsachen
BK	= Bonner Kommentar
BRRG	= Beamtenrechtsrahmengesetz
BT	= Bundestag
BVerfG	= Bundesverfassungsgericht
BVerfGE	= Entscheidungen des Bundesverfassungsgerichts
BVerfGG	= Gesetz über das Bundesverfassungsgericht
BVerwG	= Bundesverwaltungsgericht
BVerwGE	= Entscheidungen des Bundesverwaltungsgerichts
BWahlG	= Bundeswahlgesetz
Diss.	= Dissertation
DJT	= Deutscher Juristentag
DRiG	= Deutsches Richtergesetz
DÖV	= Die Öffentliche Verwaltung
DVBl.	= Deutsches Verwaltungsblatt
EVStL	= Evangelisches Staatslexikon
FN	= Fußnote
GA	= Goltdammer's Archiv für Strafrecht
GG	= Grundgesetz
GKÖD	= Gesamtkommentar Öffentliches Dienstrecht
GMBl.	= Gemeinsames Ministerialblatt

HdbDStR	=	Handbuch des Deutschen Staatsrechts
JuS	=	Juristische Schulung
JZ	=	Juristenzeitung
KPD	=	Kommunistische Partei Deutschlands
n. F.	=	neue Folge, neue Fassung
NJW	=	Neue Juristische Wochenschrift
Nordrh.-Westf.	=	Nordrhein-Westfalen
NPD	=	Nationaldemokratische Partei Deutschlands
NSDAP	=	Nationalsozialistische Deutsche Arbeiterpartei
OVG	=	Oberverwaltungsgericht
PartG	=	Parteiengesetz
Rdn.	=	Randnummer
Rh.-Pf.	=	Rheinland-Pfälzisch
Sp.	=	Spalte
SRP	=	Sozialistische Reichspartei
Sten. Ber.	=	Stenographischer Bericht
StGB	=	Strafgesetzbuch
VerfGH	=	Verfassungsgerichtshof
Verh.	=	Verhandlungen
VGH	=	Verwaltungsgerichtshof
VO	=	Verordnung
VVDStRL	=	Veröffentlichungen der Vereinigung Deutscher Staatsrechtslehrer
WV	=	Weimarer Verfassung
ZBR	=	Zeitschrift für Beamtenrecht
ZfP	=	Zeitschrift für Politik
ZRP	=	Zeitschrift für Rechtspolitik
zit.	=	zitiert

Erstes Kapitel

Art. 21 Abs. 2 GG im System der Verfassung

I. Die Entscheidung des Verfassungsgebers für die verfassungsrechtliche Regelung der Illegalisierung politischer Parteien

1. Die Ausgangslage des Parlamentarischen Rates

Die Bemühungen des Parlamentarischen Rates, nach dem Zusammenbruch des Dritten Reiches im westlichen Teil Deutschlands eine neue staatliche Ordnung zu schaffen, waren von zwei einander sich im Verhältnis der Ambivalenz gegenüberstehenden Tendenzen gekennzeichnet. Einmal galt es in unmittelbarer Reaktion auf die gerade erlittene nationalsozialistische Diktatur die Macht des Staates zu begrenzen und den Menschen- und Freiheitsrechten in der neu zu gestaltenden Verfassungsordnung wieder den Platz einzuräumen, der ihrem Rang als überpositiven und staatlicher Disposition entzogenen Rechten gebührte[1]. Andererseits aber ging es darum, diejenigen Funktionsschwächen der Weimarer Verfassung aufzudecken, die mitursächlich für das Abgleiten der ersten deutschen Republik in ein System totalitärer Gewalt- und Willkürherrschaft gewesen waren, damit die verfassungsrechtliche Neuauflage dieser Strukturmängel vermieden werden konnte[2]. Der neue demokratische Staat sollte in seinen Machtbefugnissen und Kompetenzen soweit wie möglich beschränkt werden, um die Entfaltung der wiedergewonnenen bürgerlichen Freiheitsrechte durch die Garantie umfassender staatsfreier Räume sicherzustellen, aber auch so mächtig und funktionsstark wie nötig verfaßt werden, um nicht wehrlos dem Zugriff

---

[1] Zur Statuierung der Menschen- und Freiheitsrechte im Grundgesetz vgl. *v. Mangoldt/Klein*, Kommentar, S. 93 ff.

[2] Daß die Weimarer Verfassung nicht die Hauptursache für den Zusammenbruch der ersten deutschen Republik war, sondern lediglich mitursächlich für deren Untergang gewesen sein konnte, wurde in den Beratungen des Parlamentarischen Rates insbesondere von *Theodor Heuß* immer wieder betont. Bezeichnend ist der folgende Ausspruch von Heuß (zit. nach *Winkler*, Weimarer Demokratie, S. 55): „Heute hat man die Angewohnheit zu sagen: Weil Hitler an die Macht gekommen ist und von den Paragraphen der Weimarer Verfassung nicht daran gehindert werden konnte, ist die Verfassung schlecht gewesen. So primitiv ist die Motivenreihe des Geschichtsprozesses nicht."

seiner potentiellen Gegner ausgeliefert zu sein. Mit Recht spricht deshalb Fromme von einer „antistaatlichen" und „prostaatlichen Tendenz" des Parlamentarischen Rates[3].

2. Art. 21 Abs. 2 GG als Reaktion auf Strukturschwächen der Weimarer Verfassung

Art. 21 Abs. 2 GG, der die Illegalisierung verfassungsfeindlicher Parteien für verfassungsrechtlich zulässig erklärt, gehört in seiner Funktion als Verfassungsschutzartikel in die Reihe von Grundgesetzvorschriften, die nach dem Willen des Verfassungsgebers die Bonner Demokratie im Unterschied zu Weimar stabil erhalten sollen[4]. Die Normierung von Art. 21 Abs. 2 GG erfolgte damit in bewußter Abkehr von denjenigen Strukturschwächen der Weimarer Verfassung, die nach Ansicht des Parlamentarischen Rates die Etablierung der nationalsozialistischen Diktatur erleichterten. Zum Verständnis des Normgehalts von Art. 21 Abs. 2 GG ist es deshalb notwendig, sich mit den wesentlichen Strukturschwächen der Weimarer Verfassung, soweit sie für die darzustellende Thematik Bedeutung haben, auseinanderzusetzen.

a) Organisationsrechtliche Strukturschwächen der Weimarer Verfassung

Zum einen waren es organisationsrechtliche Defekte, die ein tadelloses Funktionieren der Weimarer Demokratie insbesondere in Zeiten politischer Krisen blockierten.

Die Weimarer Verfassung wollte den Versuch unternehmen, Parlaments- und Präsidialdemokratie gleichermaßen zu verwirklichen und in Synthese zu bringen. Das Parlament einerseits und der Reichspräsident andererseits sollten die Fundamente abgeben, auf denen nach dem Vorstellungsbild der Väter der Weimarer Verfassung die junge Republik sicher befestigt sein sollte. Doch da auf die Person des Reichspräsidenten die größeren Machtbefugnisse konzentriert wurden, war in das Verfassungssystem von Weimar von Anfang an ein potentieller Störfaktor eingebaut[5]. Wohl war die Regierung — und zwar

---

[3] *Fromme*, Weimarer Verfassung, S. 10.

[4] Vgl. auch Art. 9 Abs. 2 GG, der verfassungsfeindliche Vereinigungen verbietet und Art. 18 GG, der unter bestimmten Voraussetzungen die Verwirkung politisch relevanter Grundrechte von Einzelpersonen vorsieht. Art. 79 Abs. 3 GG, der die Art. 1 und 20 Abs. 1—3 GG gegenüber dem verfassungsändernden Gesetzgeber verfassungsfest macht, gehört ebenfalls in diesen Zusammenhang.

[5] *Schick*, AöR 94, S. 354 (insbesondere FN 6), widersetzt sich dieser Auffassung zu Unrecht mit dem Hinweis, daß von einem verfassungstreuen Präsidenten keine Gefahren für die Republik zu erwarten gewesen seien. Dies ist

I. Die Entscheidung des Verfassungsgebers für die Verbotsregelung 15

der Reichskanzler und die einzelnen Minister gesondert — entsprechend dem parlamentarischen System dem Reichstag verantwortlich und dessen Mißtrauensvotum ausgesetzt[6]. Das Recht zur Kanzlerernennung und -entlassung[7], das Recht zur Auflösung des Reichstags[8] und das Notverordnungsrecht[9] blieben jedoch dem Reichspräsidenten vorbehalten. Machte der Reichspräsident von diesen Rechten in einer gegen das Parlament gerichteten Weise Gebrauch, so war die parlamentarische Demokratie dagegen institutionell nicht abgesichert und der Weg frei für eine de-facto-Monarchie des Reichspräsidenten[10]. Mit dem Rücktritt des koalitionsunfähig gewordenen Kabinetts Müller am 27. März 1930 und seiner Ablösung durch das erste Präsidialkabinett Brüning läßt sich denn auch exakt der historische Wendepunkt markieren, an dem die in der Weimarer Verfassungskonzeption bereits vorgezeichnete Abdankung des parlamentarischen Systems Verfassungswirklichkeit wurde[11].

Die verfassungsrechtliche Unterlegenheit der Parlamentsdemokratie gegenüber der Präsidialdemokratie im System der Weimarer Verfassung mußte natürlich auch Auswirkungen auf das Selbstverständnis der politischen Parteien haben. Indem nämlich die politische Plattform der Parteien, das Parlament, vor allem in Zeiten wirtschaftlicher und politischer Unsicherheit dem Zugriff des Reichspräsidenten ausgesetzt war und sich als Folge dieser kryptomonarchischen Konzeption die Hoffnungen und Erwartungen der breiten Öffentlichkeit auf den Reichspräsidenten konzentrierten[12], waren gerade den demokratischen Parteien die Impulse weitgehend genommen, die der Zwang zur parlamentarischen

---

zwar richtig, aber kein Gegenargument: denn gerade die durch allzu große Machtfülle bedingte Persönlichkeitsabhängigkeit des Präsidentenamtes erwies sich unter Hindenburg als verhängnisvoll. Vgl. dazu etwa *Fromme*, Weimarer Verfassung, S. 30 f.

[6] Art. 54 WV.
[7] Art. 53 WV.
[8] Art. 25 Abs. 1 WV.
[9] Art. 48 Abs. 2 WV.
[10] Daran konnte auch nichts ändern, daß die Anordnungen und Verfügungen des Reichspräsidenten nach Art. 50 WV der Gegenzeichnung des parlamentarisch verantwortlichen Reichskanzlers bedurften. Mit der Auflösung des Parlaments konnte der Reichspräsident nämlich dem parlamentarischen Mißtrauensvotum, mit der Entlassung des Kanzlers dagegen der Verweigerung der Gegenzeichnung zuvorkommen. Das Erfordernis der Gegenzeichnung, als Bindemittel zwischen Parlaments- und Präsidialdemokratie konzipiert, war deshalb als Versuch parlamentarischer Begrenzung präsidentieller Macht letztlich untauglich. Vgl. dazu *Fromme*, Weimarer Verfassung, S. 50 f.
[11] Zur Regierungskrise des Kabinetts Müller vgl. *Conze*, Krise des Parteientaates, S. 27 ff., 39 ff.
[12] Aus diesem Grunde hatte sich auch die Vorstellung durchgesetzt, der Reichspräsident sei der eigentliche „Hüter der Verfassung". Vgl. dazu die gleichnamige Schrift von *C. Schmitt*.

Konfliktbewältigung normalerweise erzeugt[13]. Als Konsequenz ergab sich für die radikalen Parteien daraus ein beachtlicher Vorteil: Indem sie auf die Lähmung und Funktionsuntüchtigkeit des Parlaments hinweisen konnten, fiel es ihnen leicht, das vorhandene antiparlamentarische und antidemokratische Potential[14] zu verstärken und so die eigene politische Stellung erheblich zu verbessern. Die Tatsache, daß zeitgleich mit dem Scheitern des Parlamentarismus und dem Beginn der Präsidialkabinette die NSDAP mit Ausnahme der Wahl zum 7. Reichstag einen ständigen Stimmenzuwachs erfuhr[15], läßt vermuten, daß die Unterlegenheit des parlamentarischen Anteils der Weimarer Verfassung dafür mitursächlich gewesen sein mag. Dies aber verdeutlicht, daß Art. 21 Abs. 2 GG nicht nur als Ausdruck einer unmittelbaren Reaktion auf die Ausbreitung radikaler Parteien in der Weimarer Zeit zu werten ist, sondern zugleich als mittelbare Reaktion auf organisationsrechtliche Strukturschwächen der Weimarer Verfassung begriffen werden kann.

b) Die altliberale Grundkonzeption der Weimarer Verfassung

Nach Ansicht vieler Kritiker, vor allem auch aus den Reihen des Parlamentarischen Rates, waren es jedoch nicht die aufgezeigten organisationsrechtlichen Mängel, die der Weimarer Verfassung im Zusammenwirken mit anderen Faktoren schließlich zum Verhängnis werden sollten, sondern deren „Indifferenz" und „absolute Wertneutralität" gegenüber den offen operierenden Verfassungsgegnern[16]. Diese Konzeption die sich in der Regelung „formaler Funktionierensprinzipien" erschöpft

---

[13] Ähnlich auch *Bracher*, Parteienstaat, S. 62: „Die Regierung ohne oder gegen das Parlament mochte als Konsequenz erscheinen, wenn die siebenjährige Amtsperiode den Reichspräsidenten als Faktor der Kontinuität gegenüber dem natürlichen Pluralismus und Antagonismus der Parteien und Fraktionen überlegen machte. Der Zwang zur Kooperation und Koalition, jenes Lebenselement der parlamentarischen Demokratie, verlor damit an verpflichtender Kraft, Parlament und Parteien mochten sich an die Haltung unfruchtbarer Opposition oder resignierender Tolerierung gewöhnen." Kritisch in diesem Zusammenhang allerdings *Fenske*, Wahlrecht und Parteiensystem, S. 348.

[14] Zum antidemokratischen Denken in der Weimarer Zeit vgl. *Sontheimer*, Antidemokratisches Denken, insbes. S. 50 ff.

[15] Die NSDAP erhielt bei der Wahl zum 5. Reichstag (14. 9. 1930) 18,3 %, bei der Wahl zum 6. Reichstag (31. 7. 1932) 37,3 % und bei der Wahl zum 7. Reichstag (6. 11. 1932) 33,1 %. Die letzte Reichstagswahl am 5. 3. 1933 brachte für die NSDAP schließlich 43,9 % der Stimmen (Zahlenangaben entnommen aus *Winkler*, Weimarer Demokratie, S. 90 f.).

[16] Die Abwertung, die die Weimarer Verfassung in der unmittelbaren Nachkriegszeit wegen ihres angeblichen Wertindifferentismus gefunden hat, illustriert sehr anschaulich folgender, häufig zitierter Ausspruch des damaligen Mitglieds des Parlamentarischen Rates, Dr. Kroll (CSU): „Eine Demokratie, die die Tyrannis so widerstandslos aus sich heraus entläßt, ist nicht wert,

I. Die Entscheidung des Verfassungsgebers für die Verbotsregelung 17

habe[17], sei ein maßgeblicher Grund dafür gewesen, daß die NSDAP den demokratischen Staat unter Ausnutzung seiner demokratischen Spielregeln auf scheinlegale Weise[18] habe usurpieren können.

Derartige gegen die Weimarer Verfassung immer wieder erhobene Vorwürfe sind angesichts ihres klaren und eindeutigen Bekenntnisses zu den wesentlichen Grundprinzipien eines freiheitlichen und demokratischen Rechtsstaates jedoch schwerlich begründet[19]. Sie beruhen letztlich auf einer Verkennung der staatsrechtlichen Wirklichkeit jener Epoche: nicht die Verfassung, sondern die von einem maßgeblichen Teil der deutschen Staatsrechtslehre seinerzeit als mit Art. 76 WV für vereinbar gehaltene Praxis der sogenannten stillschweigenden Verfassungsänderungen und Verfassungsdurchbrechungen[20] war der Grund dafür, daß die Weimarer Verfassung auf legalem Wege ihres ursprünglichen Gehalts entleert werden konnte.

Richtig und belegbar ist demgegenüber aber die Feststellung, daß in der Weimarer Verfassung keine wirksamen Kautelen gegen den Mißbrauch der politischen Freiheitsrechte vorgesehen waren[21]. Die Möglichkeiten künftiger Manipulierbarkeit der öffentlichen Meinung durch eine strategisch angelegte und psychologisch raffiniert gesteuerte Massenpropaganda nicht erahnend[22], hielten es ihre Schöpfer auch gar nicht für erforderlich, entsprechende Schutzvorschriften in den Verfassungstext aufzunehmen. Im Gegenteil, jede Beschränkung politischer Freiheitsrechte aus anderen als strafrechtlichen oder polizeirechtlichen Gründen

---

noch einmal geschaffen zu werden" (zit. nach *Schmitt Glaeser*, Verwirkung, S. 24). Insbesondere die folgenden Autoren stellen den Gesichtspunkt der Wertindifferenz in den Mittelpunkt ihrer Kritik an der Weimarer Verfassung: *Brunner*, Behandlung extremistischer Parteien, S. 145 ff.; *Dürig*, Kommentar Art. 18 Rdn. 5; *ders.*, Grundrechtsverwirklichung, S. 86; *Plümer*, NJW 1973, 4 (5); *Schmitt Glaeser*, Verwirkung, S. 25 ff.

[17] *Dürig*, Kommentar, Art. 18 Rdn. 5; *ders.*, Grundrechtsverwirklichung, S. 86; *Jasper*, Die abwehrbereite Demokratie, S. 13 ff.

[18] Zur Legalitätstaktik der NSDAP vgl. *Fromme*, Weimarer Verfassung, S. 169 f.

[19] So auch *Maurer*, AöR 96, 203 (207 FN 15).

[20] *Anschütz*, Kommentar, Art. 76 Anm. 1—3 m. w. Nachw.; *Thoma*, HdbDStR II, S. 153 ff. m. w. Nachweisen. Gegen die weitverbreitet gewesene Lehre der Zulässigkeit stillschweigender Verfassungsänderungen und Verfassungsdurchbrechungen *C. Schmitt*, VVDStRL Heft 1 (1924), S. 63 (98); *ders.*, Verfassungslehre, S. 18 ff., 102 ff.

[21] Auch der berühmt-berüchtigte Art. 48 Abs. 2 WV gewährleistete keinen wirksamen Verfassungsschutz, da er keine konkrete Verpflichtung zum Tätigwerden in einer den demokratischen Staat gefährdenden Situation vorsah und darüber hinaus wegen der starken Machtkonzentration auf die Person des Reichspräsidenten selbst gefährdend wirken konnte. Vgl. dazu *Maurer*, AöR 96, 203 (208).

[22] Vgl. *Carlo Schmid*, Weimar — Chancen und Risiken, S. 37.

erschien ihnen als Verstoß gegen das Prinzip der freien und demokratischen Selbstbestimmung[20].

So war es also nicht strikte Wertneutralität gegenüber den demokratischen und freiheitlichen Grundwerten, sondern die altliberalen Leitbildern verhaftete Demokratiekonzeption und der darin vorausgesetzte Glaube an die Mündigkeit des Bürgers[24], was der Weimarer Verfassung zum Schicksal werden sollte. Nicht eine indifferente Haltung gegenüber ihren zahlreichen Feinden, sondern ihr fast uneingeschränktes Vertrauen in das Funktionieren demokratischer Spielregeln im Sinne eines natürlichen Ausleseprozesses zu Gunsten der Demokraten ließ es zu, daß die verfassungsfeindlichen Aktionen des politischen Gegners im Schutzbereich demokratischer Freiheitsgarantien blieben. Dies galt jedenfalls so lange, als weder strafrechtliche noch ordnungsrechtliche Verstöße den staatlichen Eingriff erzwangen. In der Sache stellt Art. 21 Abs. 2 G deshalb nicht eine Reaktion auf eine vermeintlich wertneutrale Verfassungskonzeption von Weimar dar, sondern vielmehr den Versuch des Grundgesetzgebers, gegen scheinlegale Umsturzmethoden, wie sie in der deutschen Verfassungsgeschichte erstmals in der Weimarer Epoche praktiziert wurden, adäquate verfassungsrechtliche Abwehrmöglichkeiten vorzusehen[25].

II. Die verfassungsrechtliche Legitimation von Art. 21 Abs. 2 GG

1. Die Möglichkeit der Verfassungswidrigkeit von Art. 21 Abs. 2 GG

Die vorangegangenen Ausführungen haben erkennen lassen, daß das Grundgesetz mit der Verfassungskonzeption von Weimar, auch verfassungsfeindlichen Parteien grundsätzlich die volle politische Betätigungsfreizeit zu garantieren, gebrochen hat. Dabei blieb allerdings noch unerörtert, ob Art. 21 Abs. 2 GG, der die Garantie freier und unbehinderter

---

[23] Vgl. *Thoma*, HdbDStR Bd. II, S. 154. Als Eingriffsnormen mit strafrechtlichem oder polizeirechtlichem Charakter standen in der Weimarer Republik gegen verfassungsfeindliche Vereinigungen und Parteien zur Verfügung: § 2 Reichsvereinsgesetz v. 19. 4. 1908; VO des Reichspräsidenten zum Schutze der Republik v. 26. 6. 1922; Gesetz zum Schutze der Republik v. 21. 7. 1922; VO des Reichspräsidenten aufgrund des Art. 48 Abs. 2 RV betreffend die zur Wiederherstellung der öffentlichen Sicherheit und Ordnung für das Reichsgebiet nötigen Maßnahmen v. 26. 9. 1923; Zweites Republikschutzgesetz v. 25. 3. 1930; VO des Reichspräsidenten zur Bekämpfung politischer Ausschreitungen v. 28. 3. 1931. Zu diesen Vorschriften und zu den aufgrund dieser Vorschriften ergangenen Parteiverboten vgl. *Schön*, Grundlagen, S. 30—43 und S. 50—59.

[24] *Carlo Schmid*, Weimar — Chancen und Risiken, S. 37.

[25] Vgl. auch *Schmitt Glaeser*, Verwirkung, S. 31, der in Bezug auf Art. 18 GG zu ähnlichen Ergebnissen kommt, jedoch auf S. 25 die Weimarer Verfassung ebenfalls wegen ihrer angeblichen Wertneutralität kritisiert.

politischer Betätigung auf nicht für verfassungswidrig erklärte Parteien beschränkt[26], nicht im Widerspruch zu dem für den demokratischen Staat „schlechthin konstituierenden" Grundsatz politischer Meinungsfreiheit[27] steht und deshalb selbst verfassungsrechtlichen Bedenken ausgesetzt ist. Zwar liegt es, um eine Formulierung des Bundesverfassungsgericht zu verwenden, „im Wesen des pouvoir constituant, daß er von seinen eigenen Grundsatznormen Ausnahmen statuieren kann[28]". Doch ist zu beachten, daß auch der Verfassungsgeber an gewisse noch über der Verfassung stehende „übergesetzliche Rechte" gebunden ist und in die Verfassung nicht Regelungen aufnehmen darf, die mit den von ihm selbst festgelegten Grundsatzentscheidungen unvereinbar sind[29]. Im ersteren Fall ergibt sich die Verfassungswidrigkeit einer Verfassungsnorm aus der Nichtübereinstimmung mit der Verfassung vorgelagertem und damit höherrangigem Recht, im zweiten Fall wegen Verstoßes gegen die von ihm selbst gesetzte Grundsatznorm. Freilich ist die praktische Möglichkeit der Existenz originärer verfassungswidriger Verfassungsnormen überaus gering[30] und auch in Bezug auf Art. 21 Abs. 2 GG beweist bereits eine kurze Überprüfung, daß ernstzunehmende Anhaltspunkte für die Annahme seiner Verfassungswidrigkeit nicht bestehen. Die folgenden Überlegungen zur Legitimität von Art. 21 Abs. 2 GG sollen deshalb genügen.

2. Die verfassungsrechtliche Legitimität von Art. 21 Abs. 2 GG

a) Eigener Ansatz

Zwar ist der Grundsatz politischer Meinungsfreiheit für den demokratischen Staat konstituierend, doch daraus folgt nicht, daß er absolut

---

[26] Daß eine politische Partei als solche Träger von Freiheitsrechten sein kann, ist unstreitig: vgl. etwa BVerfGE 1, 208 (226); 3, 383 (391 f.); 6, 84 (91); 7, 99 (107); *Henke*, BK, Art. 21 Rdn. 30 ff.; *Dürig*, Kommentar, Art. 19 Abs. 3 Rdn. 59. Das Problem, inwieweit Art. 21 Abs. 2 GG konkret in die politischen Freiheitsrechte einer Partei eingreift, wird im Rahmen des 2. Kapitels noch ausführlich behandelt werden.

[27] BVerfGE 7, 198 (208); 20, 56 (97); 25, 44 (56). Zur besonderen Bedeutung des Grundrechts der Meinungsfreiheit, das das Recht der Partei auf Mitwirkung bei der politischen Willensbildung ergänzt, vgl. *v. d. Heydte*, Die Grundrechte Bd. II, S. 478; *Herzog*, Kommentar, Art. 5, Rdn. 5—8. Abweichend *Ridder*, Die Grundrechte Bd. II, S. 243 ff., der das Grundrecht der Meinungsäußerungsfreiheit aufspaltet in eine von Art. 5 GG garantierte „klassische" Meinungsäußerungsfreiheit und eine von Art. 21 Abs. 1 GG erfaßte öffentliche Meinungsfreiheit.

[28] BVerfGE 3, 225 (232).

[29] Zur Problematik der verfassungswidrigen Verfassungsnorm allgemein: *Bachof*, Verfassungswidrige Verfassungsnormen, m. w. Nachw.; ebenso BVerfGE 3, 225 (232 ff.). Zum Problem der Legitimität von Art. 21 Abs. 2 GG: BVerfGE 5, 85 (137 ff.).

[30] Dies betont auch das Bundesverfassungsgericht: BVerfGE 3, 225 (233).

gilt und Einschränkungen prinzipiell unzulässig sind. Vielmehr sind Einschränkungen auch eines so wichtigen Grundsatzes wie der Meinungsfreiheit dann als verfassungsrechtlich unangreifbar hinzunehmen, wenn sie notwendig sind, um die funktionale Bezogenheit einer grundrechtlichen Position auf die Grundlagen des demokratischen Staates und dessen Funktionsprinzipien verfassungsrechtlich klarzustellen[31]. Eine solche Klarstellung oder Festlegung enthält aber Art. 21 Abs. 2 GG bezüglich des aus der Meinungsfreiheit abzuleitenden Rechts der Parteien auf freie politische Betätigung. Indem er nämlich eine politische Partei, die dieses Recht zum Kampf gegen die freiheitliche demokratische Grundordnung mißbraucht, als verfassungswidrige Partei definiert, legt er zugleich fest, daß das Recht auf freie politische Betätigung nur in dem Umfange gewährleistet ist, wie es sich mit den Erfordernissen des demokratischen Willensbildungsprozesses und dessen Funktionsprinzipien in Einklang bringen läßt[32]. Art. 21 Abs. 2 GG regelt in der Sache also nichts anderes als die funktionsgerechte Teilhabe der Parteien an der demokratischen Willensbildung und ist somit als Funktionsbestimmung der politischen Freiheitsrechte der Parteien legitimiert.

b) Kritik an den Überlegungen des Bundesverfassungsgerichts zur Legitimität von Art. 21 Abs. 2 GG

Das Bundesverfassungsgericht, das die Legitimationsproblematik von Art. 21 Abs. 2 GG im KPD-Urteil ebenfalls aufgegriffen hat[33], liefert in diesem Zusammenhang eine nur scheinbar andere Begründung. Es geht dabei so vor, daß es die politischen Parteien im Hinblick auf die ihnen durch Art. 21 Abs. 1 S. 1 GG zugewiesene Aufgabenstellung in den Rang von verfassungsrechtlichen Institutionen, ja sogar von „Verfassungs-

---

[31] Daß die Freiheitsrechte nicht allein als Ausgrenzungen bestimmter Rechtspositionen aus dem staatlichen Einflußbereich zu verstehen sind (so aber *Forsthoff*, VVDStRL 12 (1954), 8 (19); *ders.*, Verfassungsauslegung, S. 14 f.; *ders.*, Der Staat 1963, 385, 386 ff.), sondern darüber hinaus der Staatshervorbringung durch die Gesellschaft dienen und damit auch funktionellen Charakter haben, wird heute weitgehend anerkannt: vgl. *Smend*, Das Recht der freien Meinungsäußerung, S. 96 ff., der auf diesen Zusammenhang schon sehr früh hingewiesen hat; vgl. ferner die grundlegenden Ausführungen von *Schmitt Glaeser*, Verwirkung, S. 80 ff.; (insbes. S. 106 ff.). Vgl. auch *Häberle*, Wesensgehaltsgarantie, S. 17 ff.; *Böckenförde*, NJW 1974, 1529 ff. (1538); *Herzog*, Kommentar, Art. 5 Rdn. 5—8.

[32] Der in der Soziologie verwendete Begriff der „Rolle" veranschaulicht diesen Zusammenhang: indem Art. 21 Abs. 2 GG die Teilhabe der politischen Parteien am demokratischen Willensbildungsprozeß mit den Essentialen der „freiheitlich demokratischen Grundordnung" verschränkt, verrechtlicht er zugleich die Bedingungen, die für die Rollenfunktion der Parteien im gesellschaftlichen und staatlichen Leben einer Demokratie als unverzichtbar gelten.

[33] BVerfGE 5, 85 (134 ff., 137 ff.).

II. Die verfassungsrechtliche Legitimation von Art. 21 Abs. 2 GG

organen" erhebt[34] und daraus dann den weiteren Schluß zieht, „daß an der Inkorporation der Parteien in das Verfassungsgefüge politisch sinnvoll nur die Parteien teilhaben können, die auf dem Boden der freiheitlichen demokratischen Grundordnung stehen[35]". Dies aber bedeutet — wenn auch die rechtlich zweifelhafte Konstruktion des Bundesverfassungsgerichts die Zusamenhänge eher verschleiert als aufhellt[36] — daß als „politisch sinnvoll" nur eine solche Parteibetätigung gelten soll, die demokratischen Funktionsprinzipien angepaßt und damit funktionsgerecht ist. Das Bundesverfassungsgericht zielt also im Grunde bei der Legitimationsprüfung von Art. 21 Abs. 2 GG ebenfalls auf die Funktion der politischen Freiheitsrechte ab, denn mit seiner Formulierung „politisch sinnvoll" zeigt es gerade, daß es letztlich doch nicht bereit ist, die politischen Parteien voll in den staatlichen Bereich zu integrieren. Andernfalls hätte es nämlich konsequenterweise die rechtliche Bindung der politischen Parteien unmittelbar aus Art. 20 Abs. 3 GG und der dort statuierten rechtlichen Bindung aller staatlichen Institutionen herleiten müssen. Daran war es jedoch deshalb gehindert, weil Art. 21 Abs. 2 GG die politischen Parteien nur auf die freiheitliche demokratische Grundordnung und damit auf die Grundprinzipien einer demokratischen Staatsverfassung verpflichtet und eine so umfassende rechtliche Bindung wie Art. 20 Abs. 2 GG gar nicht vorsieht.

Neben der soeben skizzierten Überlegung entwickelt das Bundesverfassungsgericht im KPD-Urteil zum Nachweis der Legitimität von Art. 21 Abs. 2 GG noch einen weiteren Gedankengang. Es stellt fest, daß das Grundgesetz mit der Regelung des Art. 21 Abs. 2 „den Versuch einer

---

[34] BVerfGE a.a.O.

[35] BVerfGE 5, 85 (133 ff., 137 ff.) — Hervorhebungen vom Verfasser —. Ähnliche Formulierungen enthält auch das SRP-Urteil des 1. Senats: vgl. BVerfGE 2, 1 (73). Die diesen Entscheidungen zugrundeliegende Vorstellung, die politischen Parteien seien aus dem Bereich des Politisch-Soziologischen herausgehobene Institutionen mit Verfassungsorganqualität, hatte das Bundesverfassungsgericht bereits zuvor in einer Entscheidung des 2. Senats vom 5. 4. 1952 (= BVerfGE 1, 208, 225 ff.) entwickelt. Begründer dieser „Organtheorie" ist Gerhard Leibholz, dem es als damaligem Mitglied des 2. Senats gelang, das Bundesverfassungsgericht von der von ihm vertretenen Parteienstaatsdoktrin im wesentlichen zu überzeugen. Zur Parteienstaatsdoktrin von Leibholz vgl. *Leibholz*, DVBl. 1950, 194 ff.; *ders.*, Verh. d. 38. DJT S. C 2 ff.; *ders.*, Strukturwandel, S. 78 (92 f. m. Anm. 37 a).

[36] Kritisch hat sich dazu insbesondere *Hesse*, VVDStRL 17 (1959), 11 (40) geäußert. Hesse betont zu Recht, daß die früher häufig vom Bundesverfassungsgericht vorgenommene Charakterisierung der politischen Parteien als „Einrichtungen des Verfassungslebens" oder „Verfassungsorgane" überaus unklar ist. Vgl. dazu auch *Maurer*, AöR 96, 203 (221 FN 55), der allerdings darauf hinweist, daß das Bundesverfassungsgericht derartige Charakterisierungen heute weitgehend vermeidet. Vgl. zum Gesamtproblem auch *Henke*, BK, Art. 21 Rdn. 13 und 14 sowie *Lipphardt*, Gleichheit der politischen Parteien, S. 213 ff., jew. m. w. Nachweisen.

Synthese zwischen dem Prinzip der Toleranz gegenüber allen politischen Auffassungen und dem Bekenntnis zu gewissen unantastbaren Grundwerten der Staatsordnung unternommen habe", weshalb man auch von einem „Bekenntnis" des Grundgesetzes zur „*streitbaren Demokratie*" sprechen könne[37]. So verständlich diese Argumentation auch erscheint, da insbesondere in den Anfangsjahren der Bonner Demokratie ein ausgeprägtes Bedürfnis vorhanden war, sich von der Art von Verfassungskonzeption zu distanzieren, wie man sie vorschnell der Weimarer Verfassung unterschob, so wenig überzeugend ist das Argument der „Synthese" und der „streitbaren Demokratie" in der Sache. Zum einen täuscht die Verwendung des schlagwortartigen Begriffs „streitbare Demokratie" darüber hinweg, daß nicht die Demokratie, sondern nur deren Bürger und Repräsentanten Abwehraufgaben wahrnehmen können[38]. Zum anderen stimmt die Konstruktion des Bundesverfassungsgerichts jedoch auch im Ansatz nicht: Zwischen dem „Prinzip der Toleranz gegenüber allen politischen Auffassungen" und „dem Bekenntnis zu gewissen unantastbaren Grundwerten der Staatsordnung" besteht kein dialektisches Verhältnis, das die Bildung einer Synthese mit der Bezeichnung „streitbare Demokratie" zuließe. Dies hätte nämlich zur Voraussetzung, daß sich die beiden Prinzipien antithetisch gegenüberstünden. Dies aber ist nicht der Fall, denn das Prinzip der politischen Toleranz und damit das Recht auf freie politische Betätigung gehören schließlich selbst zum unverzichtbaren Bestand verfassungsrechtlicher Grundwerte einer demokratischen Staatsordnung[39]. Es handelt sich also nicht um das Problem, ein antithetisches Verhältnis in Synthese bringen zu müssen, sondern darum, die politischen Freiheitsrechte sinnvoll und funktionsgerecht in das System des demokratischen Staatsaufbaus einzuordnen.

III. Art. 21 Abs. 2 GG im System der Staats- und Verfassungsschutzbestimmungen des Grundgesetzes

Auf die Schutzfunktionen, die Art. 21 Abs. 2 GG in der grundgesetzlichen Demokratie erfüllen soll, wurde schon verschiedentlich hingewiesen. Zwar ist die verfassungs- und staatsschützende Tendenz dieser Vorschrift damit bereits angedeutet, doch bedarf es zu ihrer exakten Qualifikation als Staats- bzw. Verfassungsschutzbestimmung noch einiger systematischer Überlegungen. Insbesondere muß der Zusammenhang

---

[37] BVerfGE 5, 85 (139) — Hervorhebungen vom Verfasser —.

[38] Darauf weist zutreffend *Maurer*, AöR 96, 203 (207 FN 15) hin.

[39] Im SRP-Urteil hat das Bundesverfassungsgericht selbst ausgeführt, daß das Recht der Parteien auf „Bildung und Ausübung der Opposition", das ja die prinzipielle Garantie politischer Toleranz voraussetzt, zu den Grundlagen der freiheitlichen demokratischen Ordnung gehört: vgl. BVerfGE 2, 1 (13).

III. Art. 21 Abs. 2 GG im System der Verfassungsschutzbestimmungen 23

dargestellt werden, der zwischen Art. 21 Abs. 2 GG und denjenigen Verfassungsbestimmungen besteht, die vergleichbare Zwecke verfolgen.

1. Staatsschutz und Verfassungsschutz

Im Unterschied zum Staatsschutz, worunter ganz allgemein solche Einrichtungen, Vorkehrungen und Maßnahmen verstanden werden, die den tatsächlichen und rechtlichen Bestand des Staates schützen, spricht man von Verfassungsschutz dann, wenn es um den Schutz der geschriebenen oder ungeschriebenen Verfassungsgrundlagen geht[40]. Der Begriff Verfassungsschutz ist also gegenüber dem Begriff des Staatsschutzes enger gefaßt. Anders als dieser bezieht er sich nicht auf den Schutz des Gebietsbestandes oder der Gebietsgrenzen eines Staates, sondern nur auf die Sicherung der „rechtlichen und politischen Grundlagen des Verfassungslebens im ganzen", also das „materielle Verfassungswesen[41]". Ohne schon an dieser Stelle auf die Problematik der Schutzgüter des Art. 21 Abs. 2 GG näher eingehen zu müssen, läßt sich deshalb feststellen, daß bei Art. 21 Abs. 2 GG sowohl die begrifflichen Voraussetzungen einer Staatschutznorm als auch diejenigen einer Verfassungsschutznorm gegeben sind: Soweit Art. 21 Abs. 2 GG als Schutzgegenstand allgemein den „Bestand der Bundesrepublik Deutschland" festlegt, ist er Staatsschutznorm, soweit er dagegen als Schutzgut die „freiheitliche demokratische Grundordnung" bestimmt, ist er Verfassungsschutznorm.

2. Art. 21 Abs. 2 GG und die weiteren Staats- und Verfassungsschutzbestimmungen des Grundgesetzes

Art. 21 Abs. 2 GG will Störungen und Gefährdungen des Staatswesens abwehren, die aus dem nichtstaatlichen Bereich drohen, denn er wendet sich an politische Parteien, also an gesellschaftliche Gruppen. Der Zweck von Art. 21 Abs. 2 GG besteht demnach darin, präventiven Staats- und Verfassungsschutz gegen Angriffe „von unten" zu leisten. Seine Stoßrichtung ist also die gleiche wie die der Art. 9 Abs. 2 und 18 GG, die als Normadressaten Vereinigungen bzw. Einzelpersonen haben und ebenfalls der Abwehr verfassungsfeindlicher Angriffe „von unten" dienen. Art. 21 Abs. 2 GG steht deshalb, wie Maurer es plastisch formuliert, mit diesen Schutzbestimmungen „in einer Front[42]".

---

[40] Vgl. *Maunz*, Staatsrecht, S. 331 f.; *Scheuner*, BayVBl. 1963, 65.
[41] *Maunz*, Staatsrecht, S. 332. Die Terminologie ist allerdings nicht immer ganz einheitlich. So bezeichnet beispielsweise *Evers*, EVStL, Sp. 2365, Maßnahmen zur Verteidigung der verfassungsmäßigen Grundordnung eines Staates vor äußeren Angriffen als „Verfassungsschutz im engeren Sinn". Schutzvorkehrungen gegen die inneren Gefahren der Selbstauflösung und Entartung einer Verfassung als „Verfassungsschutz im weiteren Sinn".
[42] *Maurer*, AöR 96, 203 (210/211).

Anders ist dagegen das Verhältnis von Art. 21 Abs. 2 und 79 Abs. 3 GG zu beurteilen. Zwar erfüllt Art. 79 Abs. 3 GG, indem er bestimmte Entscheidungen des Verfassungsgebers der Disposition des verfassungsändernden Gesetzgebers entzieht und damit verfassungsfest macht, wie Art. 21 Abs. 2 GG verfassungsbewahrende und -erhaltende Funktionen. Im Unterschied zu den Art. 9 Abs. 2, 18 und 21 Abs. 2 GG will aber Art. 79 Abs. 3 GG nicht gegen Angriffe „von unten", sondern gegen Verfassungsstörungen „von oben" schützen, denn Adressat des Art. 79 Abs. 3 GG ist der verfassungsändernde Gesetzgeber, also ein staatliches Organ[43]. Allerdings werden die Parteien, soweit sie im Bundestag oder Bundesrat vertreten sind, mittelbar von der Schutzwirkung des Art. 79 Abs. 3 GG betroffen: ihnen wird verboten, die in Art. 79 Abs. 3 GG angeführten Grundsatznormen mit Hilfe ihrer parlamentarischen Anhänger anzutasten bzw. auf diese Weise dabei mitzuwirken, daß verfassungsfeste Grundsatznormen abgeschafft oder geändert werden"[44].

Neben Art. 9 Abs. 2, 18 und 79 Abs. 3 GG gibt es freilich noch eine Vielzahl von Grundgesetzvorschriften, denen eine staats- bzw. verfassungsschützende Tendenz zukommt. Erwähnt seien nur die Art. 1 Abs. 3, 20 Abs. 1 und 4, 28 Abs. 1, 87 Abs. 4 oder 91 GG, die entweder als Verfassungsbestandsgarantien oder Kompetenznormen mehr oder weniger Zwecken der Verfassungssicherung dienen. Auf diese Bestimmungen im einzelnen einzugehen, erübrigt sich indes, da die Schutznorm des Art. 21 Abs. 2 GG durch die Einordnung in das System der Art. 9 Abs. 2, 18 und 79 Abs. 3 GG hinreichend charakterisiert ist und die Auseinandersetzung mit weiteren Schutzbestimmungen des Grundgesetzes infolgedessen keine wesentlich neuen Gesichtspunkte für das Verständnis von Art. 21 Abs. 2 GG beitragen kann.

IV. Art. 21 Abs. 2 GG und seine Funktionserfüllung im Verfassungsleben

Die rechtliche Einordnung von Art. 21 Abs. 2 GG als Staats- und Verfassungsschutznorm hat den Standort dieser Vorschrift im System des Grundgesetzes erkennen lassen. Um einen vollständigen Überblick über den von Art. 21 Abs. 2 GG erhofften Verfassungsschutzbeitrag zu erhalten, ist es jedoch notwendig, Art. 21 Abs. 2 GG auch aus verfassungspolitischer Perspektive zu beleuchten. Es ist also noch der Frage nach-

---

[43] Irreführend in diesem Zusammenhang *Maurer*, AöR 96, 203 (211), der der h. M. unterstellt, sie betrachte Art. 79 Abs. 3 GG als absolute Verbotsnorm. Das Gegenteil ist richtig, denn die Ansicht Maurers, Art. 79 Abs. 3 GG müsse adressatbezogen gesehen werden, wird überwiegend geteilt: vgl. *Ruland*, Grundordnung, S. 68 m. w. Nachweisen.

[44] *Maurer*, ebd.

IV. Zur Bedeutung von Art. 21 Abs. 2 GG im Verfassungsleben

1. Die Problematik der Schutzfunktion des Art. 21 Abs. 2 GG

a) Die bisherigen Anwendungsfälle

Seit dem Inkrafttreten des Grundgesetzes wurden zwei Verbotsverfahren gegen politische Parteien durchgeführt. Am 19. November 1951 beantragte die damalige Bundesregierung beim Bundesverfassungsgericht das Verbot der rechtsradikalen und nazistischen SRP; nur vier Tage später, am 22. November 1951, stellte sie einen entsprechenden Antrag gegen die KPD. Die SRP wurde daraufhin am 23. Oktober 1952, die KPD nach einem nahezu vier Jahre dauernden Verfahren am 17. August 1956 vom Bundesverfassungsgericht für verfassungswidrig erklärt und verboten[45].

Obwohl Art. 21 Abs. 2 GG in der noch relativ jungen Verfassungsgeschichte der Bundesrepublik demnach bereits zweimal als Abwehrinstrument gegen verfassungsfeindliche Parteien aktuell geworden ist, läßt sich dennoch nicht sagen, daß er sich in seiner Funktion als Schutzvorschrift schon hinreichend bewährt hat und damit als praktikabel gelten kann. Eine solche Feststellung könnte nämlich nur getroffen werden, wenn die damalige Bundesregierung die Verbotsanträge gegen SRP und KPD in erster Linie deshalb gestellt hätte, um die neu geschaffene westdeutsche Demokratie auf diese Weise aus einer nachweisbaren Gefahrensituation herauszuführen. Dies aber war nicht der Fall, denn sowohl die SRP als auch die KPD verfügten über keine größere, den demokratischen Staat ernsthaft gefährdende Anhängerschaft[46]. Hinzu kommt außerdem, daß der Konsens der großen politischen Parteien über die im Grundgesetz verankerten demokratischen Prinzipien zu sehr gefestigt war, als daß SRP und KPD eine Situation vorgefunden hätten, von der sie als verfassungsfeindliche Randgruppen hätten profitieren können. Im übrigen wird heute — soweit ersichtlich — auch gar nicht mehr bestritten, daß die Verbotsanträge gegen SRP und KPD primär anderen politischen Zielen dienen sollten als denen eines präventiven Staats- und Verfassungsschutzes[47].

---

[45] Zum prozessualen Verlauf der beiden Verbotsverfahren vgl. BVerfGE 2, 1 und 6 (SRP-Verbot) sowie BVerfGE 5, 85, 86 und 102 (KPD-Verbot). Einen vollständigen Überblick über den Ablauf des Verbotsverfahrens gegen die KPD vermittelt das Dokumentarwerk zum KPD-Prozeß von *Pfeiffer/Strickert*, 1.—3. Bd.

[46] Vgl. dazu *Kirchheimer*, Politische Justiz, S. 229 ff.

[47] Zur Antragstellung gegen die SRP sah sich die damalige Bundesregierung vor allem wegen der heftigen Empörung im In- und Ausland veranlaßt, die diese Partei aufgrund ihrer weitgehenden personellen und programmatischen

b) Die Fragwürdigkeit praktikablen Verfassungsschutzes aufgrund von Art. 21 Abs. 2 GG

Ob Art. 21 Abs. 2 GG entsprechend der Vorstellung des Verfassungsgebers vernünftigen und praktikablen Saats- und Verfassungsschutz gegenüber verfassungsfeindlichen Parteien ermöglicht, erscheint nach wie vor problematisch.

Soweit gegen zahlenmäßig kleine und dem System ungefährliche Parteien vorgegangen werden soll, stößt der beabsichtigte Verfassungsschutz ohnehin ins Leere. Hier hat der Wähler durch seinen Wahlentscheid auf systemkonforme Weise bereits selbst erreicht, was Zweck von Staats- und Verfassungschutzmaßnahmen sein könnte. Der Anwendung staatlicher Zwangsmittel bedarf es in diesen Fällen also nicht[48]. Daran vermag auch das Argument nichts zu ändern, eine kleine verfassungsfeindliche Partei sei stets gefährlich, da die Möglichkeit der Zunahme ihres politischen Einflusses auf Dauer nie ausgeschlossen werden kann. Die Einleitung eines Verbotverfahrens in diesem Stadium würde nämlich bedeuten, daß man dem demokratischen Prozeß mißtraut und trotz fehlender konkreter Gefährlichkeit einer Partei dem freiheitsbeschränkenden Eingriff des Staates den Vorzug gibt. Der Schaden, den die Demokratie durch einen derartigen „offiziellen" Mißtrauensbeweis erlitte, müßte zweifellos höher veranschlagt werden als das überschaubare Risiko, das mit der vorläufigen Unterlassung des Verbotsantrags verbunden ist.

Anders liegt dagegen die Situation, wenn aufgrund von Art. 21 Abs. 2 GG Maßnahmen gegen solche Parteien ergriffen werden sollen, die im Volk über eine breite und sichere Basis verfügen. In diesen Fällen ist offensichtlich, daß die Methode der systemkonformen Abwehr die konkrete Gefahrenlage nicht ohne weiteres beseitigen kann. Der staatliche Eingriff in den politischen Willensbildungsprozeß, wie ihn Art. 21 Abs. 2 GG vorsieht, erscheint deshalb prinzipiell als legitim. Allerdings ist es überaus fraglich, ob die Maßnahme des Parteiverbots gegenüber anhängerstarken verfassungsfeindlichen Parteien noch greift. Eine verfassungsfeindliche Partei, die systemkonform nicht mehr auf eine für die Demokratie ungefährliche Größe reduziert werden kann, wird der Durchführung eines Verbotsverfahrens nämlich nicht tatenlos zusehen,

---

Identität mit der NSDAP entfachte. — Im Fall der KPD führten vor allem außenpolitische Gründe zur Antragstellung: Der Verbotsantrag war als Beitrag der Bundesrepublik zur Politik des „kalten Krieges" gedacht, die im Zuge des Koreakrieges von den westlichen Bündnispartnern gegenüber den Ostblockländern betrieben wurde. Der Sinn dieses Beitrages bestand hauptsächlich darin, die Bundesrepublik als zuverlässiges Mitglied des westlichen Bündnissystems auszuweisen. Vgl. zu diesen Zusammenhängen *Kirchheimer*, Politische Justiz, S. 232 ff. und *Schuster*, ZfP Bd. XV (1968), S. 413 (420).

[48] So auch *Schuster*, ZfP Bd. XV (1968), S. 413 (417).

sondern die Vielzahl ihrer Anhänger zum Boykott gegen diese einschneidende Maßnahme mobilisieren[49]. Hierbei wird sie umso erfolgreicher operieren, je größer der Kreis ihrer Anhänger ist und je mehr ihr politischer Machtzuwachs als Antwort der Wähler auf die von den großen demokratischen Parteien geschaffenen politischen Verhältnisse begriffen werden muß. Unter diesen Umständen ist klar, daß die Stellung des Verbotsantrags und die anschließende Durchführung des Verbotsverfahrens das freiheitliche System nur weiter gefährden wird. Im schlimmsten Fall ist sogar zu erwarten, daß die von der verfassungsfeindlichen Partei erhoffte „revolutionäre Situation" durch das Verbotsverfahren erst produziert wird.

Somit bleibt für eine sinnvolle und praktikable Anwendung von Art. 21 Abs. 2 GG nur noch eine Fallkonstellation übrig: die verfassungsfeindliche Partei muß einerseits bereits einen nicht unerheblichen Grad an Gefährlichkeit aufweisen; sie darf aber nicht schon so gefährlich sein, daß die Einleitung des Verbotsverfahrens wegen des zu erwartenden Widerstands als zu riskant eingeschätzt werden muß[50]. Damit diese Situation für die Stellung des Verbotsantrags genutzt werden kann, bedarf es freilich unter den demokratischen Parteien eines Höchstmaßes an Übereinstimmung darüber, daß eine Partei den Verfassungswidrigkeitstatbestand erfüllt und der Zeitpunkt für die Antragstellung reif ist. Fehlt es an dieser Übereinstimmung, so mangelt es der Antragstellung von vornherein an politischer Glaubwürdigkeit und die Gefahr ist groß, daß durch die Einleitung des Verbotsverfahrens die politische Polarisierung weiter gefördert wird und damit Verhältnisse entstehen, die für die künftige Ausbreitung der verfassungsfeindlichen Partei nur vorteilhaft sind.

Da wegen des unterschiedlichen Standorts der politischen Parteien die Interessenlage im Hinblick auf die Antragstellung regelmäßig verschieden sein wird, muß davon ausgegangen werden, daß die für eine optimale Anwendung von Art. 21 Abs. 2 GG erforderliche Einigung der

---

[49] *Schuster*, ZfP Bd. XV (1968), S. 413 (417 f.), weist plastisch auf die politischen Konsequenzen hin, die in Frankreich oder Italien durch Verbote der dortigen großen kommunistischen Parteien mit Sicherheit ausgelöst würden. Vgl. zu diesen Problemen auch *Ridder*, KPD-Verbot, S. 44 und *Ćopić*, Grundgesetz und politisches Strafrecht, S. 3 ff.

[50] Ein bestimmter Prozentsatz von Wählerstimmen, der den richtigen Zeitpunkt für das Vorgehen gegen eine verfassungsfeindliche Partei indizieren könnte, läßt sich freilich nicht nennen. So wird sich zum Beispiel ein Stimmenanteil von 15 %, den eine verfassungsfeindliche Partei bei Wahlen erhält, dann noch nicht gefährlich auswirken, wenn die übrigen Stimmen auf funktionsfähige demokratische Parteien entfallen. Ist allerdings das gesamte Parteisystem bereits spürbar krisenanfällig, muß schon bei einem kleineren Stimmenanteil als 15 % eine konkrete Gefährdung des demokratischen Staatswesens angenommen werden. Vgl. zu diesem Problem auch *Maurer*, AöR 96, 203 (229 f.).

Antragsberechtigten im richtigen Zeitpunkt nur schwer erreicht werden kann. Die Chance, daß der Verbotsantrag dann gestellt wird, wenn die politische Situation dafür objektiv günstig ist, ist deshalb als nicht besonders groß einzuschätzen[51]. Aus diesem Grunde liegt denn auch als Schlußfolgerung nahe, daß sich die Verfassungsschutzfunktion von Art. 21 Abs. 2 GG praktisch nicht in der Normanwendung selbst verwirklicht, sondern in deren Vorfeld: Nicht die Einleitung des Verbotsverfahrens, sondern die durch die normative Existenz des Art. 21 Abs. 2 GG provozierte Diskussion darüber, ob eine bestimmte politische Partei den Verfassungswidrigkeitstatbestand erfüllt und folglich aus dem politischen Willensbildungsprozeß ausgeschaltet werden soll, mobilisiert die wirksameren Abwehrkräfte des demokratischen Staatswesens[52]. Es kann deshalb die Aussage gewagt werden, daß die Warn- und Hinweisfunktion gegenüber verfassungsfeindlichen Parteien den eigentlichen Verfassungsschutzbeitrag von Art. 21 Abs. 2 GG darstellt, denn sie zwingt zur politischen Auseinandersetzung über die Frage des Parteiverbots und bewirkt so, daß die verfassungsfeindlichen Ziele einer Partei für die Öffentlichkeit transparent werden.

2. Zur rechtsstaatlichen Funktion von Art. 21 Abs. 2 GG

Die erörterten Fragwürdigkeiten, die Art. 21 Abs. 2 GG in seiner Funktion als Staats- und Verfassungsschutznorm aufweist, dürfen indes nicht den Blick auf die rechtsstaatliche Funktion dieser Grundgesetznorm verstellen. Denn gerade diese Funktion ist es, die für den modernen Parteienstaat des Grundgesetzes besondere Bedeutung haben muß. Indem Art. 21 Abs. 2 GG den Verfassungswidrigkeitstatbestand materiell und formell umfassend regelt, wird die Legalitätsproblematik parteipolitischen Handelns einer rechtsstaatlichen Klärung zugeführt: Einmal werden aus der Vielzahl denkbarer politischer Betätigungen einer Partei diejenigen ausgegrenzt, auf die der Tatbestand der Verfassungswidrigkeit zutrifft, so daß verfassungsrechtlich definiert ist, wann funktionsgerechter Grundrechtsgebrauch i. S. d. Art. 21 Abs. 1 S. 1 GG in Grundrechtsmißbrauch umschlägt[53]. Zum anderen wird festgelegt, daß allein das Bundesverfassungsgericht die Kompetenz haben soll, über die Frage der Verfassungswidrigkeit und damit über die Frage der Aus-

---

[51] Hinzu kommt außerdem, daß ein sich allzu lange hinziehendes Verbotsverfahren (das Verfahren gegen die KPD dauerte nahezu 4 Jahre!) dem zum richtigen Zeitpunkt gestellten Verbotsantrag viel von seiner Wirkung nehmen kann.

[52] So hat z. B. die in den Jahren 1968/69 in der Öffentlichkeit geführte Diskussion über die Frage der Zweckmäßigkeit eines Verbotsantrags gegen die NPD den politischen Einfluß dieser Partei spürbar zurückgehen lassen.

[53] Vgl. oben II. 2. a.

IV. Zur Bedeutung von Art. 21 Abs. 2 GG im Verfassungsleben

schaltung einer Partei aus dem politischen Willensbildungsprozeß zu entscheiden (Art. 21 Abs. 2 S. 2 GG). Im Unterschied zur Weimarer Verfassung, die eine entsprechende Regelung nicht enthielt, steckt das Grundgesetz also durch Art. 21 Abs. 2 GG den Bereich ab, in dessen Grenzen sich politische Parteien unbehindert entfalten können. Es zieht deshalb in rechtsstaatlicher Weise gerade im Hinblick auf die Ausschaltung politischer Parteien aus dem öffentlichen Willensbildungsprozeß die Konsequenzen, die sich aus der wichtigen Rolle der Parteien im heutigen demokratischen Massenstaat ergeben.

Zweites Kapitel

Die materiell-rechtlichen Voraussetzungen der Parteienillegalisierung

Den Gegenstand des zweiten Kapitels bilden die in Art. 21 Abs. 2 S. 1 GG zusammengefaßten materiell-rechtlichen Voraussetzungen der Parteienillegalisierung. Der in der Form einer Definition abgefaßte Art. 21 Abs. 2 S. 1 GG hat folgenden Wortlaut:

„Parteien, die nach ihren Zielen oder nach dem Verhalten ihrer Anhänger darauf ausgehen, die freiheitliche demokratische Grundordnung zu beeinträchtigen oder zu beseitigen oder den Bestand der Bundesrepublik zu gefährden, sind verfassungswidrig."

Das Grundanliegen dieses Verfassungssatzes, der unmittelbar geltendes Recht ist und demzufolge nicht erst der Ausführung durch ein Bundesgesetz bedarf[1], ist bereits im vorangegangenen Kapitel sichtbar geworden. Es lautet: rechtsstaats- und demokratiekonforme Erfüllung von Verfassungsschutzfunktionen. Dieses Grundanliegen von Art. 21 Abs. 2 S. 1 GG gilt es nicht aus den Augen zu verlieren, wenn nachfolgend die materiell-rechtlichen Illegalisierungsvoraussetzungen im einzelnen erläutert werden.

I. Die Angriffs- bzw. Schutzobjekte

Art. 21 Abs. 2 S. 1 GG nennt als mögliche Angriffsziele verfassungsfeindlicher Parteien[2] „die freiheitliche demokratische Grundordnung" und „den Bestand der Bundesrepublik Deutschland". Nur wenn eine politische Partei eines dieser beiden Schutzobjekte bekämpft, taucht überhaupt die Frage nach ihrer Verfassungsfeindlichkeit auf. Ehe also die an die Zielvorstellungen der Partei oder das Verhalten ihrer Anhänger an-

---

[1] Dies ist unstreitig: *Maunz*, Kommentar, Art. 21 Rdn. 49 und 99. Auf den seinerzeit von der KPD in dem gegen sie angestrengten Verfahren erhobenen Einwand, Art. 21 Abs. 2 S. 1 GG bedürfe erst noch der Ausführung durch ein Bundesgesetz, braucht deshalb nicht eingegangen zu werden (vgl. dazu BVerfGE 5, 85, 111).

[2] Auf eine Untersuchung des Parteibegriffs kann angesichts der umfassenden gesetzlichen Definition des § 2 Abs. 1 PartG verzichtet werden. Zur Problematik des Parteibegriffs vgl. etwa *Maunz*, Kommentar, Art. 21 Rdn. 7 ff. und *Henke*, BK, Art. 21 Rdn. 2 ff., jeweils mit weiteren Nachweisen.

I. Die Angriffs- bzw. Schutzobjekte

knüpfenden Tatbestandsmerkmale im einzelnen zu erörtern sind, bedarf es der Klärung der in Art. 21 Abs. 2 S. 1 GG als Angriffsobjekte normierten Begriffe.

1. Die freiheitliche demokratische Grundordnung

Der Begriff der freiheitlichen demokratischen Grundordnung taucht im Grundgesetz ausschließlich im Zusammenhang mit Vorschriften auf, die mehr oder weniger den Charakter von Verfassungsschutzbestimmungen haben oder denen zumindest auch eine Verfassungsschutzkomponente innewohnt[3]. Seit dem Inkrafttreten des 17. Gesetzes zur Ergänzung des Grundgesetzes vom 24. 6. 1968[4] ist er in sechs Artikeln des Grundgesetzes, nämlich den Art. 10 Abs. 2, 11 Abs. 2, 18, 21 Abs. 2, 87 a Abs. 4 und 91 Abs. 1 enthalten[5]. Darüber hinaus besteht seit jeher weitestgehende Einigkeit darüber, daß der in Art. 9 Abs. 2 GG verwendete Begriff der verfassungsmäßigen Ordnung wegen der parallel laufenden Schutzrichtung der Bestimmungen der Art. 18, 21 Abs. 2 und 9 Abs. 2 GG so zu lesen ist, als ob dort „freiheitliche demokratische Grundordnung" stünde[6].

Während jedoch keine Zweifel bestehen, daß das Grundgesetz den Begriff der freiheitlichen demokratischen Grundordnung einheitlich gebraucht und Differenzierungen hinsichtlich seines Bedeutungsgehalts nicht vorzunehmen sind[7], ist Einmütigkeit dann nicht mehr festzustellen, wenn es um die Präzisierung dessen geht, was verfassungsrechtlich unter dem Begriff der freiheitlichen demokratischen Grundordnung verstanden werden soll. Die außerordentliche Komplexität des Begriffs erschwert allerdings auch in besonderem Maße die Entwicklung eines interpretatorischen Konsenses. Die Untersuchung soll deshalb darauf konzentriert werden, die bereits vorliegenden Interpretationsangebote auf

---

[3] Vgl. *Ruland*, Freiheitliche demokratische Grundordnung, S. 49 ff.

[4] BGBl. I S. 709.

[5] Vor dem Inkrafttreten des in FN 3 S. 31 bezeichneten Gesetzes war der Begriff „freiheitliche demokratische Grundordnung" nur in den Art. 18, 21 Abs. 2 und 91 Abs. 1 GG ausdrücklich erwähnt. — Von den einfachen gesetzlichen Bestimmungen, die den Begriff der freiheitlichen demokratischen Grundordnung ebenfalls verwenden, seien die folgenden besonders erwähnt: §§ 4 Abs. 1 Nr. 2, 35 Abs. 1 S. 3 BRRG, 7 Abs. 1 Nr. 2, 52 Abs. 2 BBG. Hinzuweisen ist insbesondere auch auf § 92 Abs. 2 StGB, der allerdings nur eine Aufzählung strafrechtlich geschützter Verfassungsgrundsätze enthält.

[6] *Dürig*, Kommentar, Art. 18 Rdn. 47; *Hamann/Lenz*, Kommentar, Art. 9 Anm. B 4; *Schmidt-Bleibtreu/Klein*, Kommentar, Art. 9 Rdn. 12. Ebenfalls identisch mit dem Begriff der freiheitlichen demokratischen Grundordnung ist der Begriff der „Ordnung" in Art. 20 Abs. 4 GG, der durch das 17. Gesetz zur Ergänzung des Grundgesetzes v. 24. 6. 1968 (BGBl. I S. 709) neu eingefügt wurde (vgl. dazu *Isensee*, Widerstandsrecht, S. 14 f.).

[7] *Ruland*, Freiheitliche demokratische Grundordnung, S. 48 ff., m. w. Nachweisen.

rationale Kriterien hin abzutasten, die für die weitere Konkretisierung des Begriffs verwertbar erscheinen. Ob ein Kriterium sich in diesem Sinne als rational erweisen wird, wird davon abhängen, ob es als Maßstab für die Berechenbarkeit und Vorhersehbarkeit so empfindlicher Sanktionen gelten kann, wie sie das Grundgesetz (und hier insbesondere Art. 21 Abs. 2) für die potentiellen Störer der freiheitlichen demokratischen Grundordnung vorsieht. Denn erst wenn eine solchermaßen rationale Basis für die Interpretation des Begriffs gefunden ist, wird dem rechtsstaatlichen Gebot nach inhaltlicher Begrenzung des Begriffs entsprochen und zugleich der aus den Reihen der Sozialwissenschaften lautgewordenen Kritik der Boden entzogen, die den verfassungsrechtlichen Begriff der freiheitlichen demokratischen Grundordnung als ein Musterbeispiel einer „Leerformel" von „extremer Unklarheit" und „starkem emotionalem Gehalt" bezeichnet[8].

a) Die Definition des Bundesverfassungsgerichts

Das Bundesverfassungsgericht hatte sich mit dem Begriff der freiheitlichen demokratischen Grundordnung bereits in den Anfangsjahren seines Bestehens zu beschäftigen, als es im Verfahren gegen die rechtsradikale SRP klären mußte, ob diese Partei die freiheitliche demokratische Grundordnung bekämpfte. Folgende Definition, auf die es später im Urteil gegen die linksextremistische KPD Bezug genommen hat[9], legte es seiner Entscheidung zu Grunde:

„So läßt sich die freiheitliche demokratische Grundordnung als eine Ordnung bestimmen, die unter Ausschluß jeglicher Gewalt- und Willkürherrschaft eine rechtsstaatliche Herrschaftsordnung auf der Grundlage der Selbstbestimmung des Volkes nach dem Willen der jeweiligen Mehrheit und der Freiheit und Gleichheit darstellt. Zu den grundlegenden Prinzipien dieser Ordnung sind mindestens zu rechnen: die Achtung vor den im Grundgesetz konkretisierten Menschenrechten, vor allem vor dem Recht der Persönlichkeit auf Leben und freie Entfaltung, die Volkssouveränität, die Gewalteinteilung, die Verantwortlichkeit der Regierung, die Gesetzmäßigkeit der Verwaltung, die Unabhängigkeit der Gerichte, das Mehrparteienprinzip und die Chancengleichheit für alle politischen Parteien mit dem Recht auf verfassungsmäßige Bildung und Ausübung der Opposition[10]."

---

[8] *Opp*, Methodologie der Sozialwissenschaften, S. 136 FN 36. Vgl. demgegenüber *Denninger*, Staatsrecht 1, S. 25 ff., der zwar auch den Begriff der Leerformel verwendet, aber zugleich auf die funktionale Bedeutung solcher Formeln hinweist.
[9] BVerfGE 5, 85 (140).
[10] BVerfGE 2, 1 (12 f.).

I. Die Angriffs- bzw. Schutzobjekte

Auffällig am Definitionsversuch des Bundesverfassungsgerichts ist, daß wichtige Verfassungsgrundsätze ohne Anspruch auf Vollzähligkeit (so fehlt in der Aufzählung z. B. der so wichtige Grundsatz der freien Wahl!) kataloghaft zusammengefaßt werden und in dieser Zusammenfassung die „freiheitliche demokratische Grundordnung" ausmachen sollen, ohne daß nach rationalen Kriterien gesucht wird, die eine brauchbare Argumentationsgrundlage für die Auswahl gerade dieser Verfassungsinstitute abgeben könnten. Allein die Tatsache, daß den angeführten Verfassungsinstituten eine evidente Bedeutung in der grundgesetzlichen Demokratie zukommt, kann aber nicht ausreichen, um sie pauschal in den Schutzbereich einzubeziehen, der durch den Begriff der freiheitlichen demokratischen Grundordnung repräsentiert wird. Vielmehr bedarf es der Aufdeckung des konkreten Vermittlungszusammenhangs, den die einzelnen Verfassungsinstitute zu dem zu interpretierenden Verfassungsbegriff haben, um ihre Zugehörigkeit zu diesem Begriff plausibel zu machen. Formulierungen der Art, daß der „ . . . im Grundgesetz getroffenen Entscheidung die Vorstellung zugrunde liegt, daß der Mensch in der Schöpfungsordnung einen eigenen selbständigen Wert besitzt und Freiheit und Gleichheit dauernde Grundwerte der staatlichen Einheit sind"[11], vermögen diesen Vermittlungszusammenhang nicht einsichtig zu machen. Sie passen zwar in die besondere historische Situation des Jahres 1952[12] und haben so betrachtet ihren spezifischen Aussagewert; verfassungsrechtliche Sinnermittlung auf der Ebene eines rationalen Begründungsstils sind sie jedenfalls nicht.

Es bleibt damit als Resümee, daß das Bundesverfassungsgericht mit seiner Definition des Begriffs der freiheitlichen demokratischen Grundordnung eigentlich nicht über das hinausgekommen ist, was der einfache Gesetzgeber durch eine gesetzliche Definition in gleicher Weise hätte leisten können und im Unterschied zum Bundesverfassungsgericht in dieser Form auch hätte regeln dürfen[13]. Was das Bundesverfassungsgericht dagegen hätte erreichen müssen, nämlich die verfassungsrechtliche Konkretisierung des Begriffs anhand rationaler Begründungskriterien, ist es schuldig geblieben[14].

---

[11] BVerfGE 2, 1 (12).

[12] Das SRP-Urteil erging am 23. Oktober 1952.

[13] Vgl. beispielsweise § 35 des ersten Referentenentwurfs zu einem Gesetz über das Bundesverfassungsgericht, der aber nicht Gesetzeskraft erlangte: „Die freiheitliche demokratische Grundordnung greift an, wer sich für die Beseitigung der Grundrechte, der politischen Parteien, der allgemeinen, unmittelbaren, freien, gleichen und geheimen Wahl der Volksvertretungen, der Teilung der Gewalten, der parlamentarischen Verantwortlichkeit der Regierung, der Unabhängigkeit der Gerichte oder der Gesetzmäßigkeit der Verwaltung einsetzt." (Zitiert nach *Geiger*, Kommentar, Vorb. 6 vor § 36).

[14] Kritisch dazu auch *Ridder*, KPD-Verbot, S. 28, der zur Eingrenzung des Begriffs selbst jedoch wenig an verfassungsrechtlicher Argumentation beisteuert.

b) Die Behandlung des Begriffs in der Literatur

Der weitaus überwiegende Teil der Literatur hat die formelhafte Definition des Bundesverfassungsgerichts im wesentlichen positiv aufgenommen und keine Ansätze gezeigt, die neue Wege für die Interpretation des Begriffs erschließen[15]. Im großen und ganzen ist zu beobachten, daß die Diskussion auf die Frage der Erweiterung des vom Bundesverfassungsgericht vorgeschlagenen Katalogs wichtiger Rechtsinstitute beschränkt blieb, wobei insbesondere die Kontroverse darum ging, ob zur „freiheitlichen demokratischen Grundordnung" auch das Sozialstaatsprinzip[16], das Bundesstaatsprinzip sowie das republikanische Prinzip[17] zu rechnen sind. Überlegungen, die über diesen Fragenkreis hinausweisen, sind selten geblieben. Für die weitere Untersuchung des Begriffs genügt es, wenn lediglich über die wenigen interessanten Interpretationsversuche berichtet wird, die sich von der in Schrifttum und Rechtsprechung vertretenen herrschenden Meinung methodisch oder inhaltlich absetzen.

aa) Der Interpretationsansatz Dürigs

Dürig versucht zu einer Eingrenzung des Begriffs der freiheitlichen demokratischen Grundordnung zu kommen, indem er das, was durch diesen Begriff ausgedrückt wird, als die Gegenposition zum totalitären Staat bezeichnet[18]. Alles das, „was nach früherem und gegenwärtig fremden totalitären Anschauungsunterricht bei uns nicht rechtens sein soll", sei unvereinbar mit der freiheitlichen demokratischen Grundordnung[19]. Positiv gewendet ist also nach Dürig jeder politische Kampf, der in seinen Zielsetzungen und Methoden nicht an die Praxis totalitärer Systeme erinnert, mit der freiheitlichen demokratischen Grundordnung vereinbar.

Zu begrüßen ist, daß die Interpretation Dürigs zu einer erheblichen Restriktion des Begriffs führt, denn nur so bleibt genügend Spielraum für politische Alternativen, die notwendig sind, um den gesellschaftlichen Entwicklungsprozeß bewußt in Gang zu halten. Was nicht gefallen kann,

---

[15] Vgl. etwa: *Evers*, BK, Art. 91 Rdn. 21; *Hamann/Lenz*, Kommentar, Art. 18 Anm. B 3; *v. Mangoldt/Klein*, Kommentar, Art. 18 Anm. III 4 b (S. 533 f.); *Leibholz/Rinck*, Kommentar, Anm. 1 der Einführung; *Maunz*, Kommentar, Art. 21 Rdn. 114; *Schmidt-Bleibtreu/Klein*, Kommentar, Art. 18 Rdnr. 6; *Seifert*, DÖV 1961, 81 (84).

[16] So *Hamann/Lenz*, Kommentar, Art. 18 Anm. B 3 und *Dürig*, Kommentar, Art. 18 Rdn. 49 FN 1.

[17] So *Schmitt Glaeser*, Verwirkung, S. 47 ff. und *Stein*, Staatsrecht, S. 166 f.; dagegen *Hamann/Lenz*, Kommentar, Art. 18 Anm. B 3 und *v. d. Heydte*, Die Grundrechte II, S. 486 FN 91.

[18] *Dürig*, Kommentar, Art. 18 Rdn. 48.

[19] *Dürig*, ebd.

ist der interpretatorische Weg, auf dem Dürig die Restriktion des Begriffs erreicht. Die Interpretation eines Verfassungsbegriffs als einem normativem Begriff hat nämlich primär von der Norm her sowie aus dem materiellen Zusammenhang der Verfassung zu geschehen[20], nicht aber von dem auszugehen, was das Kontrastbild totalitärer Systeme jeweils liefert[21]. Die Erinnerung an das, was der freiheitlichen demokratischen Grundordnung als Negation gegenübersteht, deutet die Richtung zum Ergebnis an und ist damit Interpretationshilfe. Zur alleinigen Grundlage verfassungsrechtlicher Interpretation darf sie jedoch nicht werden.

bb) Der Interpretationsansatz Schmitt Glaesers

In erster Linie geht es Schmitt Glaeser darum, eine Kongruenz zwischen den durch Art. 79 Abs. 3 GG abgesicherten Verfassungsgrundsätzen und den Prinzipien der freiheitlichen demokratischen Grundordnung nachzuweisen und auf diesem Wege eine abschließende Zusammenschau aller zur freiheitlichen demokratischen Grundordnung gehörenden Prinzipien zu erreichen[22]. Insoweit enthält sein Ansatz jedoch nichts grundsätzlich Neues, denn die Hereinnahme der wegen Art. 79 Abs. 3 GG für den verfassungsändernden Gesetzgeber entzogenen Prinzipien in den vom Bundesverfassungsgericht gegebenen „Grundsätze-Katalog" war in der Literatur im Hinblick auf das Sozialstaatsprinzip, das Bundesstaatsprinzip sowie das republikanische Prinzip schon früher diskutiert worden[23]. Indes finden sich bei Schmitt Glaeser auch Passagen, die sich nicht auf das Problem der Zusammenstellung von Rechtsinstituten beschränken, sondern die über diese Problematik hinausweisend interessante Kriterien für die Interpretation des Begriffs anbieten. Schmitt Glaeser stellt nämlich fest, daß der Begriff der freiheitlich demokratischen Grundordnung in den Art. 18 und 21 Abs. 2 GG „einmal immer „negativ" als Kennzeichnung des Schutzgegenstandes in Abwehrbestimmungen verwendet wird" und daß zum anderen stets „eine ganz bestimmte Art des Vorgehens" (Schmitt Glaeser meint das vom Bundesverfassungsgericht geforderte Merkmal der „aggressiv-kämpferischen Haltung") gegen das Rechtsgut verlangt ist, um die staatlichen Gegenmaßnahmen auslösen zu können[24]. „Die Tatsache dieser Doppelvoraussetzung" müsse bei der Definition des Begriffs mitberücksichtigt werden, da sie sich auf den Begriff selbst auswirke[25]. In diesem Zusam-

---
[20] Vgl. etwa *Ehmke*, VVDStRL 20 (1963), S. 53 (77); *Hesse*, Normative Kraft, S. 15 ff.; *Scheuner*, VVDtSRL 20 (1963), S. 125 f.
[21] Kritisch gegenüber Dürig deshalb auch *Ruland*, S. 63 ff.
[22] *Schmitt Glaeser*, Verwirkung, S. 46 ff.; *Schmitt*, DÖV 1965, S. 433 (438 ff.).
[23] Siehe die Nachweise in den FN 16 und 17.
[24] *Schmitt Glaeser*, Verwirkung, S. 43.
[25] *Schmitt Glaeser*, Verwirkung, S. 44.

menhang glaubt Schmitt Glaeser allerdings auf eine Gefahr hinweisen zu müssen: Wenn nämlich die aggressiv-kämpferische Haltung als modales Tatbestandsmerkmal eine Restriktion des Begriffs bewirke, so müsse doch bedacht werden, daß die durch den Begriff „freiheitliche demokratische Grundordnung" abgesteckte Schutzzone nicht zu eng gerate, um einen Leerlauf der Verfassungsschutzbestimmungen zu vermeiden[26].

Schmitt Glaesers Forderung, bei der Definition des Begriffs auch das tatbestandsmäßige Verhalten zu berücksichtigen, das gegen die freiheitliche demokratische Grundordnung gerichtet sein muß, verdient Beachtung, da sie den Blick auf die Funktion und damit den normativen Zusammenhang des Begriffs lenkt. Dieser wichtige Hinweis auf die Funktionalität des Begriffs wird weiterzuverfolgen sein. Soweit Schmitt Glaeser allerdings die Auffassung vertritt, die Berücksichtigung der tatbestandlichen Angriffsvoraussetzungen führe zwangsläufig zu einer Erweiterung des Begriffs der freiheitlichen demokratischen Grundordnung, kann ihm nicht gefolgt werden. Sinn und Zweck der normativ geregelten Angriffsvoraussetzungen ist nämlich die rechtsstaatliche Eingrenzung verfassungsfeindlichen Verhaltens, nicht aber die Indizierung eines weiten Schutzbereichs für das Schutzobjekt „freiheitliche demokratische Grundordnung".

cc) Der Interpretationsversuch Hartmanns

Nach Hartmann ist Voraussetzung für die Definierbarkeit des Begriffs „freiheitliche demokratische Grundordnung" eine möglichst präzise Aussage darüber, welche Art von Demokratie das Grundgesetz verwirklichen wolle. Nur die Analyse des grundgesetzlichen Demokratieprinzips lasse die verfassungsrechtlichen Postulate für die Politik erkennen und ergebe damit zugleich den Rahmen, den die Verfassung mit dem Begriff der freiheitlichen demokratischen Grundordnung für denkbare politische Ziele abstecke[27]. Als solche Postulate bezeichnet Hartmann die Gebote der Freiheit und der Gleichheit, letztlich jedoch das Prinzip der Menschlichkeit[28]. An diesem Prinzip habe sich die politische Gestaltung der Verfassungswirklichkeit zu orientieren, wobei zu beachten sei, daß nur schwerwiegende Verstöße gegen dieses Prinzip auf eine Gegnerschaft zur freiheitlichen demokratischen Grundordnung schließen lassen könnten. Ein in diesem Sinne qualifizierbares Verhalten kann nach Hartmann jedoch erst dann angenommen werden, wenn eine Person oder politische Partei das Ziel verfolgt, „die Bedingungen für mögliche Menschlichkeit"

---

[26] *Schmitt Glaeser*, ebd.
[27] *Hartmann*, AöR 95, 567 (577); ähnlich auch *Martin*, Extremistenbeschluß, S. 14 ff.
[28] *Hartmann*, AöR 95, 567 (577 f.).

zu beseitigen[29]. Das aber sei wiederum nur der Fall, wenn jemand „wissenschaftlich erkennbare Mechanismen kollektiver Unmenschlichkeit" auszulösen versucht[30]. Für die Verfassungsauslegung ergebe sich deshalb die Konsequenz, daß sie auf den Stand sozialwissenschaftlicher und verhaltenswissenschaftlicher Erkenntnisse gewiesen sei[31].

Auf den ersten Blick mag der Interpretationsversuch Hartmanns insoweit bestechen, als er durch die Reduktion des grundgesetzlichen Demokratieprinzips auf das Gebot der Menschlichkeit eine katalogartige Aufgliederung des Begriffs der freiheitlichen demokratischen Grundordnung vermeidet und so die rechtliche Situation für die potentiellen Betroffenen von Normsanktionen scheinbar überschaubarer macht. Das Gegenteil ist jedoch der Fall, da das Prinzip der Menschlichkeit gerade durch die einzelnen Grundgesetzbestimmungen normativ entfaltet wird, das Grundgesetz also letztlich in seiner Gesamtheit — wie es der Ansatz Hartmanns auch voraussetzt — von diesem Prinzip beherrscht wird[32]. Die Frage nach dem Inhalt der freiheitlichen demokratischen Grundordnung müßte deshalb dem Ansatz Hartmanns entsprechend konsequenterweise damit beantwortet werden, daß der Menschenrechtsgehalt des gesamten Grundgesetzes von dem Begriff umfaßt wird. Dies aber würde den Begriff der freiheitlichen demokratischen Grundordnung noch weniger transparent machen als es die Definitionsformel des Bundesverfassungsgerichts zu leisten vermag.

Allerdings enthält der Interpretationsversuch Hartmanns nicht nur die Reduktion auf das Prinzip der Menschlichkeit, sondern bezieht ebenso wie der Schmitt Glaesers als gleichsam modale Komponente das Verhalten mit ein, das gegen die freiheitliche demokratische Grundordnung gerichtet sein muß. In der Sache bringt also Hartmann, der anders als Schmitt Glaeser nicht von der „aggressiv-kämpferischen Haltung", sondern von der Auslösung von „Mechanismen kollektiver Unmenschlichkeit[33]" spricht, ebenfalls den Hinweis auf den Abwehrcharakter und damit die Funktionalität des Begriffs. Insoweit gibt Hartmann zweifellos ein brauchbares Kriterium für die weitere Interpretation an die Hand. Nicht annehmbar ist freilich die in diesem Zusammenhang von Hartmann entwickelte Folgerung, die Verfassungsauslegung habe sich bei der Klärung des Begriffs am „jeweiligen Erkenntnisstand sozial- und verhaltenswissenschaftlicher Forschung" auszurichten, weil die Auslösung von Mechanismen kollektiver Unmenschlichkeit wissenschaftlich nachweis-

---

[29] *Hartmann*, AöR 95, 567 (578).
[30] *Hartmann*, AöR 95, 567 (580).
[31] *Hartmann*, ebd.
[32] Vgl. dazu auch BVerfGE 6, 32 (36) sowie *Dürig*, Kommentar, Art. 1 Abs. 1 Rdn. 15.
[33] *Hartmann*, AöR 95, 567 (580).

bar sein müsse³⁴. Wollte man diesen Denkschritt Hartmanns mitvollziehen, so hieße das nichts anderes als den normativen Gehalt von Verfassungsnormen und -begriffen negieren und sich damit einverstanden erklären, daß die Verfassung alsbald zur bloßen Begriffshülse sozialwissenschaftlicher Lehrmeinungen herabgestuft würde³⁵. Die Preisgabe der rechtlichen Bindungswirkung der Verfassung und höchstmögliche Rechtsunsicherheit wären die unvermeidlichen Folgen einer solchen Auffassung.

c) Eigener Lösungsversuch

aa) Methodische Vorüberlegungen

Die verfassungsrechtliche Interpretation des Begriffs der freiheitlichen demokratischen Grundordnung kann methodisch sinnvoll nur mit der Analyse der Funktion dieses Begriffs im Grundgesetz ansetzen. Denn nur wenn diese offengelegt ist, läßt sich der Ordnungszusammenhang, in dem der Begriff zum Verfassungsganzen sowie zu den darin angelegten Wirkungsprinzipien steht, sachbezogen und damit rational darstellen³⁶. Jedes andere methodische Vorgehen, das diesen aus der Normfunktion zu entnehmenden Ordnungszusammenhang nicht als Orientierungsmaßstab nützt, führt zwangsläufig entweder zu einer thesenhaften und oft pathetisch wirkenden Zusammenstellung verfassungsrechtlicher Grundsatznormen oder in eine allgemein gehaltene Demokratiediskussion, deren konkreter interpretatorischer Zweck nicht nachgewiesen ist. Die Konsequenzen eines derartigen Defizits an verfassungsrechtlicher Methode sind evident: Der Begriff der freiheitlichen demokratischen Grundordnung, als Leerformel behandelt und als funktionaler Verfassungsbegriff übergangen, ist juridischem Dezisionismus anheimgegeben. Für den Bürger, der von seinem verfassungsmäßigen Recht auf Opposition Gebrauch macht, erscheint die Normativität des Begriffs verwischt, die Schwelle möglicher staatlicher Reaktionen also nicht mehr durch die Verfassung vorgegeben, sondern durch die jeweils Herrschenden festgelegt.

---

[34] *Hartmann*, ebd.

[35] Eine andere, hier nicht zu untersuchende Frage ist es allerdings, inwieweit die Sozialwissenschaften bei der Rechtsanwendung Hilfestellung geben können. Vgl. dazu *Hopt*, JZ 1975, 341 ff. und *Henke*, JZ 1974, 729 ff. (insbesondere S. 734 f.).

[36] Vgl. *Ehmke*, Prinzipien der Verfassungsinterpretation, S. 77. Hingewiesen sei auch auf *Müller*, Juristische Methodik, S. 69, 193 f.: Müller betont, daß die Verfassungsinterpretation den Wechselbezug der Norm zu dem von ihr erfaßten Wirklichkeitsbereich zu berücksichtigen habe. Damit kommt also auch nach Müller der Normfunktion entscheidende Bedeutung bei der Interpretation zu.

bb) Die Funktionalität des Begriffs und die sich daraus für die Interpretation ergebenden Konsequenzen

Auf die Tatsache, daß der Begriff der freiheitlichen demokratischen Grundordnung ausschließlich in Verfassungsnormen mit Verfassungsschutztendenz aufzufinden ist, wurde bereits hingewiesen[37]. Im wesentlichen lassen sich zwei Normgruppen unterscheiden, die den Begriff verwenden: einmal Normen, die den „Kampf" (Art. 18 GG) oder die „aktiv kämpferische, agressive Haltung" (Art. 21 Abs. 2 GG)[38] als Voraussetzung für präventive freiheitsbeschränkende Sanktionen vorsehen, und zum anderen Normen, die für den Fall einer „drohenden Gefahr für die freiheitliche demokratische Grundordnung" spezielle Gesetzesvorbehalte statuieren (Art. 10 Abs. 2, 11 Abs. 2 GG) oder Sonderkompetenzen bei bestimmten Hoheitsträgern schaffen (Art. 87 a Abs. 4, 91 Abs. 1 GG).

Dieser Befund zeigt, daß durch den Begriff der freiheitlichen demokratischen Grundordnung die Grenze angezeigt wird, deren Überschreitung den qualitativen Umschlag von der verfassungsrechtlich garantierten politischen Betätigungsfreiheit zur grundrechtlich nicht mehr abgesicherten politischen Agitation bedeutet. Jede politische Individual- oder Gruppenaktion, die diesseits dieser Grenze verbleibt, ist „freigestaltende Teilnahme am politischen Leben der staatlichen Gemeinschaft"[39] und als funktionsgerechter Grundrechtsgebrauch[40] kein taugliches Ziel für Verfassungsschutzmaßnahmen. Dagegen sind politische Aktionen, die über diese Grenze hinausgehen, funktionswidrige Teilhabe am demokratischen Willensbildungsprozeß[41] und als solche stets der Möglichkeit ausgesetzt, daß staatliche Abwehrmaßnahmen gegen sie ergriffen werden. Die Funktion des Begriffs besteht also darin, die gegen das demokratische Prinzip gerichtete und somit funktionswidrige politische Betätigung aus dem demokratischen Willensbildungsprozeß herauszuhalten und zu verhindern, daß entsprechend dem Beispiel nationalsozialistischer Le-

---

[37] Siehe oben I. 1.

[38] Das Bundesverfassungsgericht (BVerfGE 5, 85, 141) betrachtet die „aktiv kämpferische, agressive Haltung" als Tatbestandselement des Angriffs auf die freiheitliche demokratische Grundordnung. Dieses Tatbestandselement ist auch für den insoweit vergleichbaren Fall des Art. 9 Abs. 2 GG zu fordern, der das Verbot von Vereinigungen normiert, die sich „gegen die verfassungsmäßige Ordnung richten". Vgl. dazu *Seifert*, DÖV 1961, 81 (83) und *Ruhrmann*, NJW 1956, 1817 (1818).

[39] *Schmitt Glaeser*, Verwirkung, S. 104 f.

[40] Auf die Grundrechte als funktionelle Grundlage der Demokratie und somit auch auf den funktionsgerechten Grundrechtsgebrauch weist vor allem *Häberle*, Wesensgehaltsgarantie, S. 17 ff. hin. Vgl. auch *Schmitt Glaeser*, Verwirkung, S. 118 ff.

[41] Hier wird der Zusammenhang zu Art. 21 Abs. 1 S. 1 GG deutlich, der nur die funktionsgerechte Mitwirkung der Parteien am Prozeß der politischen Willensbildung meint. Vgl. dazu oben 1. Kap. II. 2. a).

galitätstaktik das demokratische Verfahren mißbraucht wird. Der verfassungsrechtliche Ordnungszusammenhang, in den der Begriff der freiheitlichen demokratischen Grundordnung eingepaßt ist, kann demnach nicht in einer pauschalen Beziehung zu — wenn auch wichtigen — verfassungsrechtlichen Instituten gesehen werden, sondern nur in der Sicherung des demokratischen Verfahrensprinzips.

Die weitere Interpretation hat die so umrissene Funktionalität des Begriffs zu beachten. Verfassungsrechtliche Institute können demnach nicht per se als Bestandteile der freiheitlichen demokratischen Grundordnung gelten, sondern nur, wenn sie als Voraussetzung demokratischer Willensbildung oder -durchsetzung ausweisbar sind. Berücksichtigt man, daß das demokratische Verfahrensprinzip das Essentiale jeder freiheitlichen und demokratischen Herrschaftsform darstellt und in seiner die widerstreitenden Interessen regulierenden und versöhnenden Funktion wohl eine der wichtigsten Garantien für den Fortbestand der demokratischen Verfassungsordnung insgesamt ist, so wird zugleich deutlich, daß die Ausrichtung des Schutzbereichs der freiheitlichen demokratischen Grundordnung auf dieses Prinzip kein Defizit an wirksamen Verfassungsschutz zur Folge hat.

cc) Die zur freiheitlichen demokratischen
Grundordnung gehörenden Verfassungsprinzipien

Nachdem feststeht, daß der Begriff der freiheitlichen demokratischen Grundordnung als Schutzbegriff des demokratischen Verfahrens fungiert, geht es nunmehr darum, die einzelnen verfassungsrechtlichen Institute zu ermitteln, die notwendig Bedingungen oder Voraussetzungen dieses Prinzips sind. Dabei ist zu beachten, daß nicht nur diejenigen verfassungsrechtlichen Grundsätze dem demokratischen Verfahrensprinzip zugerechnet werden müssen, deren Gegenstand die Vorbereitung und das Zustandekommen von Entscheidungen ist. Vielmehr gehören in den hier zu diskutierenden Zusammenhang auch Verfassungsgrundsätze, die in Bezug auf das demokratische Verfahren von solcher Bedeutung sind, daß von einem Verhältnis notwendiger Interdependenz gesprochen werden kann. Im einzelnen sind unter Berücksichtigung dieser Gesichtspunkte die folgenden verfassungsrechtlichen Institute als Bestandteile der freiheitlichen demokratischen Grundordnung anzunehmen:

(1) Das demokratische Verfahren als institutionalisiertes Verfahren zur Verwirklichung der Herrschaftsgewalt des Volkes setzt voraus, daß der Meinungs- und Willensbildungsprozeß des Volkes permanent und unbehindert stattfinden kann. Die nicht nur negativ als Abwehrrechte, sondern positiv als Teilhaberechte aufzufassenden grundrechtlichen Gewährleistungen der *Meinungs- und Informationsfreiheit*, der *Versamm-*

lungsfreiheit sowie der *Vereinigungs- und Koalitionsfreiheit* (als deren Unterfall insbesondere auch die in Art. 21 Abs. I S. 2 ausdrücklich geregelte Parteifreiheit!) sind deshalb als Voraussetzungen demokratischer Willensbildung Bestandteile der freiheitlichen demokratischen Grundordnung. Das gleiche gilt für den Grundsatz, daß in bestimmten zeitlichen Abständen *allgemeine, freie und gleiche Wahlen* durchgeführt werden müssen, denn der Wahlakt stellt gewissermaßen den periodisch wiederkehrenden Gipfelpunkt des demokratischen Willensbildungsprozesses dar.

Dagegen verlangt das demokratische Verfahrensprinzip nicht die institutionelle Garantie unmittelbarer und geheimer Wahlen oder das Vorhandensein von Verfassungsorganen, die dem klassischen Typ der parlamentarischen Demokratie entsprechen. Dies folgt daraus, daß andere Erscheinungsformen und Entwicklungsstufen von Demokratie denkbar sind, die das Funktionieren des demokratischen Verfahrensprinzips in anderer Weise sicherstellen[42].

(2) Dem demokratischen Entscheidungsprozeß liegt der *Mehrheitsbeschluß*[43] als das für alle Beteiligten verbindliche Verfahrensprinzip zugrunde. Da das Zustandekommen des Mehrheitsbeschlusses voraussetzt, daß die partikularen Interessen und Zielsetzungen zuvor in einer mehrheitsfähigen Kompromißformel aufgegangen sind, mobilisiert der Mehrheitsbeschluß in der pluralistischen Gesellschaft ein Höchstmaß an Einigungsfähigkeit und Integrationsenergie. Um dieser Wirkungen willen ist er auch der einzig mögliche Modus, um die Allgemeinverbindlichkeit von Entscheidungen demokratisch zu legitimieren[44]. Er ist somit ein Essentiale des demokratischen Verfahrensprinzips und folglich notwendiger Bestandteil der freiheitlichen demokratischen Grundordnung.

(3) Ein weiteres zentrales Ordnungsprinzip des demokratischen Verfahrens besteht darin, daß die Möglichkeit des Wechsels der politischen Führung institutionell gewährleistet sein muß. Dies setzt zweierlei voraus: erstens die *Verantwortlichkeit der Regierung* und damit zusammenhängend insbesondere das der jeweiligen Minderheit als Opposition zustehende Recht, die Regierung in den dafür vorgesehenen Verfassungs-

---

[42] Es sei in diesem Zusammenhang nur an das amerikanische Präsidialsystem erinnert, das unter Einhaltung des demokratischen Verfahrensprinzips entsprechende Alternativen aufweist. — Was das Prinzip der geheimen Wahl angeht, so ist darauf hinzuweisen, daß dieses Prinzip nur einen Annex des Prinzips der freien Wahl darstellt, indem es die Freiheit des Wahlaktes sichern soll (vgl. etwa *Hesse*, Grundzüge, S. 60). Entscheidend ist also, daß der Grundsatz der freien Wahl beachtet wird. Vgl. dazu auch *Ruland*, Grundordnung, S. 116 f.
[43] Zur Problematik des Mehrheitsbeschlusses vgl. *Scheuner*, Das Mehrheitsprinzip in der Demokratie, insbesondere S. 35 ff., 45 ff.
[44] Vgl. *Hesse*, Grundzüge, S. 57 ff.

organen zur Rechenschaft ziehen zu können; zweitens die prinzipielle *Chancengleichheit aller demokratischen Parteien* im Kampf um das politische Mandat. Erst die Einhaltung dieser Grundsätze schafft die realen Bedingungen dafür, daß die Minderheit potentielle Mehrheit und die Mehrheit potentielle Minderheit bleibt. Die angeführten Grundsätze, die in ihrer kräftebalancierenden Wirkung zugleich Funktionen der Gewaltenteilung wahrnehmen[45], sind deshalb als Garantien des demokratischen Rollentauschs unverzichtbare Elemente des demokratischen Verfahrensprinzips und als solche Bestandteile der freiheitlichen demokratischen Grundordnung.

(4) Nach heutigem Verfassungsverständnis stehen sich Rechtsstaatsprinzip und demokratisches Verfahrensprinzip nicht dualistisch gegenüber. Ihr Verhältnis ist vielmehr das gegenseitiger Bedingtheit und wechselbezüglicher Zuordnung[46], was insbesondere die folgenden verfassungsrechtlichen Zusammenhänge deutlich machen: Erstens setzt das demokratische Verfahren als ein Verfahren freier und gleicher Beteiligung am staatlichen Entscheidungsprozeß die durchsetzbare grundrechtliche Garantie von Freiheit und Gleichheit voraus. Zweitens muß das demokratische Verfahren als die verfahrensmäßige Konsequenz der grundrechtlichen Gewährleistung von Freiheit und Gleichheit begriffen werden, weshalb es eine vom Recht selbst geforderte institutionelle Bedingung für die Erzeugung von Entscheidungen darstellt. Drittens schließlich verlangt das demokratische Verfahren, daß das, was die Zustimmung der Mehrheit gefunden hat, als rechtsverbindliche Entscheidung der staatlichen Gemeinschaft gilt, denn erst die rechtliche Verbindlichkeit der demokratisch zustande gekommenen Entscheidung ermöglicht deren reale Geltung.

Das demokratische Verfahrensprinzip schließt also, wie die angeführten Zusammenhänge von Recht und Demokratie zeigen, notwendig die Dimension des Rechts ein. Als unabdingbare Garantien für die Geltung und Durchsetzbarkeit des Rechts sind deshalb die folgenden verfassungsrechtlichen Institute Voraussetzung für das dauerhafte Funktionieren des demokratischen Verfahrens: die *Gewährleistung eines umfassenden Rechtsschutzes*, das *Prinzip der richterlichen Unabhängigkeit*

---

[45] Vgl. *Hesse*, Grundzüge, S. 55 und 199.

[46] Vgl. *Hesse*, Rechtsstaat, S. 91 ff.; ders., Grundzüge, S. 79 ff.; *Hans H. Klein*, Grundrechte im demokratischen Staat, S. 37 ff. — Das Verhältnis von Recht und Demokratie hat im übrigen *Kriele* sehr eindrucksvoll mit der Formel charakterisiert, daß Demokratie als „Herrschaft des Volkes durch Herrschaft des Rechts" begriffen werden müsse (vgl. VVDStRL 29 (1971), S. 134 und dort den Schlußbeitrag Zachers, der auf diese Formel Krieles hinweist; vgl. auch die entsprechenden Passagen in dem von Kriele zum Thema „Das demokratische Prinzip im Grundgesetz" gehaltenen Referat, VVDStRL 29 (1971), S. 46, 49 ff.). Allgemein zur Thematik Recht und Demokratie: *Bäumlin:* EVStL, Sp. 281 f.

sowie die *Grundsätze des Vorrangs und des Vorbehalts des Gesetzes sowie der Gesetzmäßigkeit der Verwaltung*[47]. Wegen der notwendigen Interdependenz, die zwischen diesen Verfassungsinstituten und dem demokratischen Verfahrensprinzip anzunehmen ist, steht zugleich fest, daß die genannten Verfassungsinstitute in den Schutzbereich des Begriffs der freiheitlichen demokratischen Grundordnung einbezogen sind.

2. Der Bestand der Bundesrepublik

Das Grundgesetz stellt in Art. 21 Abs. 2 S. 1 als Schutzobjekt neben die „freiheitliche demokratische Grundordnung" den „Bestand der Bundesrepublik Deutschland[48]". Einigkeit besteht insoweit, als zum Schutzbereich dieses zweiten Schutzobjektes jedenfalls die territoriale Integrität und die außenpolitische Handlungsfähigkeit des Bundes gehören[49]. Ob dagegen die politische Handlungsfähigkeit des Bundes nach innen[50], der innere Bestand des Bundes[51] sowie die realen Grundlagen der wirtschaftlichen Existenz und der lebenswichtigen Versorgung[52] ebenfalls hinzuzurechnen sind, ist umstritten.

Die Vielfalt der Meinungen zu diesem Auslegungsproblem ist vor allem darauf zurückzuführen, daß der tatbestandliche Zuordnungszusammenhang der beiden in Art. 21 Abs. 2 S. 1 GG normierten Schutzgüter nicht ausreichend beachtet wird. Ergibt nämlich die Tatbestandsstruktur von Art. 21 Abs. 2 S. 1 GG, daß die beiden Schutzobjekte sachlich getrennte Schutzbereiche festlegen, so ist von vornherein denjenigen Auffassungen die Argumentationsbasis entzogen, die trotz der Existenz

---

[47] Vgl. dazu im einzelnen *Hesse*, Grundzüge, S. 81 f.

[48] In der Formulierung „Bestand der Bundesrepublik" ist der Begriff nur in Art. 21 Abs. 2 S. 1 GG enthalten. In den Art. 10 Abs. 2, 11 Abs. 2, 87 a Abs. 4 und 91 Abs. 1 GG wird ohne sachlichen Unterschied die Formulierung „Bestand ... des Bundes ..." verwendet. Vgl. dazu *Evers*, BK, Art. 91 Rdn. 18 und *Dürig*, Kommentar, Art. 11 Rdn. 66.

[49] *Evers*, BK, Art. 91 Rdn. 18; *Maunz*, Kommentar, Art. 21 Rdn. 118; *Dürig*, Kommentar Art. 11 Rdn. 66; *Seifert*, DÖV 1961, 81 (84). Eine abweichende Meinung vertritt allerdings *Ipsen*, BK, Art. 87 a Rdn. 139, der lediglich die völkerrechtliche Handlungsfähigkeit als geschützt ansieht.

[50] *Dürig*, Kommentar, Art. 11 Rdn. 66; *Seifert*, DÖV 1961, 81 (84). Auch *Evers*, BK, Art. 91 Rdn. 18 zählt die Handlungsfähigkeit nach innen dazu, denn er subsumiert unter den Begriff „Bestand der Bundesrepublik" die Selbständigkeit des Bundes gegenüber den Gliedstaaten.

[51] Teilweise wird vertreten, daß nur die durch Art. 20 Abs. 1 GG festgelegte Staatsform geschützt sein soll (so *v. Mangoldt/Klein*, Art. 21 Anm. VII 3 = S. 630 f.), teilweise aber auch, daß die Bundesrepublik in der durch das Grundgesetz geprägten Ausgestaltung Schutzobjekt sei (so *Wernicke*, BK, Erstbearbeitung, Art. 21 Erl. II 2 c β). Vgl. ferner *Hamann-Lenz*, Kommentar, Art. 21 Anm. B 9 b (S. 365) sowie *Ipsen*, BK, Art. 87 a Rdn. 139 und *Seifert*, DÖV 1961, 81 (84), die ebenfalls für den Schutz des inneren Bestandes eintreten.

[52] *Kölble*, Die Polizei 1960, 88.

des ausschließlich auf den Bereich der Verfassung bezogenen Schutzobjekts „freiheitliche demokratische Grundordnung" dem Begriff „Bestand der Bundesrepublik Deutschland" eine verfassungsschützende Richtung beilegen.

Im Hinblick auf Art. 20 Abs. 1 GG, der die Bundesrepublik als einen demokratischen und sozialen Bundesstaat definiert, scheint die Wortfassung „Bestand der Bundesrepublik Deutschland" auf den ersten Blick allerdings ein Indiz dafür zu liefern, daß die Bundesrepublik zumindest in der durch Art. 20 Abs. 1 GG verfassungsrechtlich festgelegten Ausgestaltung geschützt sein soll[53]. Diese allein auf die Wortbedeutung abstellende Interpretation berücksichtigt jedoch nicht den Tatbestand des Art. 21 Abs. 2 S. 1 GG in seiner Gesamtheit. Danach gilt der Bestand der Bundesrepublik bereits als angegriffen, wenn lediglich dessen Gefährdung beabsichtigt ist, während ein Angriff auf die freiheitliche demokratische Grundordnung erst vorliegt, wenn eine Partei auf die Beeinträchtigung oder Beseitigung dieser Ordnung hinwirkt. Die normative Reizschwelle für mögliche staatliche Sanktionen liegt also niedriger, wenn es um die Sicherung des Bestandes der Bundesrepublik geht, dagegen höher, wenn die freiheitliche demokratische Grundordnung geschützt werden soll[54]. Hat aber demnach der Verfassungsgeber dem Schutz des Bestandes der Bundesrepublik eine gewisse Priorität gegenüber dem Schutz der freiheitlichen demokratischen Grundordnung eingeräumt, so hat er durch diese verfassungsrechtliche Gewichtung zugleich zum Ausdruck gebracht, daß der durch das Schutzobjekt „Bestand der Bundesrepublik" repräsentierte Schutzbereich sachlich anders ausgerichtet sein muß als der des Schutzobjekts „freiheitliche demokratische Grundordnung". Die beiden Schutzobjekte des Art. 21 Abs. II GG müssen folglich zueinander in einem Verhältnis echter Tatbestandsalternativität stehen.

Da das Schutzobjekt „freiheitliche demokratische Grundordnung, worauf schon das Wort „Grundordnung" hinweist, auf den Bereich der Verfassung bezogen ist, muß wegen der gegebenen sachlichen Alternativität der Schutzgüter das Schutzobjekt „Bestand der Bundesrepublik" auf den außerverfassungsrechtlichen Bereich beschränkt sein[55]. Es umfaßt deshalb nur die realen Existenzgrundlagen der Bundesrepublik,

---

[53] So v. Mangoldt/Klein, Kommentar, Art. 21 Anm. VII, 3 (S. 630 f.).

[54] Eine andere Frage ist es, ob die skizzierte tatbestandliche Differenzierung praktische Bedeutung erlangen kann. Seifert, DÖV 1961, 81 (84) verneint dies, übersieht aber dabei die sich aus dieser Differenzierung ergebenden, auch für die Praxis wichtigen Konsequenzen für die Interpretation des Begriffs „Bestand der Bundesrepublik".

[55] So im Ergebnis auch Evers, BK, Art. 91 Rdn. 19 und v. d. Heydte, Die Freiheit der Parteien, S. 486 f. (FN 91). Vgl. auch Maunz, Kommentar, Art. 21 Rdn. 118 und Dürig, Kommentar, Art. 11, Rdn. 66.

nicht aber deren innerstaatliche Ordnung. Entsprechend dem klassischen Staatsbegriff, der als Voraussetzung jeder Staatlichkeit das Vorhandensein eines Staatsgebiets, eines Staatsvolks und einer effektiven Herrschaftsgewalt verlangt, gehören folglich nur die territoriale Integrität, die Existenz der Bevölkerung und damit zusammenhängend ein Mindeststandard ökonomischer und versorgungstechnischer Bedingungen[56] sowie die politische Handlungsfähigkeit des Bundes[57] zum Schutzbereich des Begriffs „Bestand der Bundesrepublik".

II. Die den Schutzobjekten zugeordneten Tatbestandselemente

Die materiellrechtlichen Voraussetzungen für die Verfassungswidrigkeit einer politischen Partei legt Art. 21 Abs. 2 S. 1 GG fest. Demnach sind Parteien, die „nach ihren Zielen oder dem Verhalten ihrer Anhänger darauf ausgehen, die freiheitliche demokratische Grundordnung zu beeinträchtigen oder zu beseitigen oder den Bestand der Bundesrepublik zu gefährden", verfassungswidrig.

Nachfolgend sollen die den Schutzobjekten zugeordneten Tatbestandselemente im einzelnen behandelt werden. Entsprechend der tatbestandlichen Systematik von Art. 21 Abs. 2 S. 1 GG wird dabei zunächst auf diejenigen Tatbestandsmerkmale einzugehen sein, die auf beide Schutzobjekte zutreffen. Im Anschluß daran sollen die Angriffsvoraussetzungen erörtert werden, die jeweils nur auf eines der beiden Schutzobjekte bezogen sind.

1. Das Tatbestandsmerkmal „darauf ausgehen"

Dem Tatbestandsmerkmal „darauf ausgehen" kommt im Tatbestandsaufbau von Art. 21 Abs. 2 S. 1 GG zentrale Bedeutung zu, denn es legt die Grundvoraussetzung dafür fest, ob eine politische Partei tatbestandsmäßig in Richtung auf eine Beeinträchtigung oder Gefährdung der Schutzobjekte vorgeht. Neben der Konkretisierung der Schutzobjekte hängt es also maßgeblich von der Eingrenzung dieses Tatbestandsmerk-

---

[56] Vgl. auch *Kölble*, Die Polizei 1960, 88. Unklar in diesem Punkt *Evers*, BK, Art. 91 Rdn. 16 und Rdn. 20: Einerseits stellt Evers fest, daß schwere öffentliche Notstände nicht in den Zusammenhang des Aufgabenbereichs von Art. 91 GG fallen (Rdn. 16), andererseits aber führt er ohne weitere Konkretisierung aus, daß die „elementarsten ... sozialen Gegebenheiten" zum Bestand des Staates gehören müssen und folglich durch Art. 91 Abs. 1 GG ebenfalls geschützt sind.

[57] *Dürig* Kommentar, Art. 11 Rdn. 66 (S. 23) FN 3, weist zu Recht darauf hin, daß zur Effektivität der politischen Handlungsfähigkeit auch die Handlungsfähigkeit nach innen gehört und überdies die Abgrenzung zum Schutzobjekt „freiheitliche demokratische Grundordnung" eine enge Auslegung in diesem Punkt nicht erfordert.

mals ab, wo der Schnittpunkt zwischen grundrechtlich geschützter politischer Betätigung und verfassungsfeindlicher Agitation liegt. Zwei Problembereiche tauchen in diesem Zusammenhang auf: Einmal ist das Tatbestandsmerkmal „darauf ausgehen" inhaltlich sachgerecht einzugrenzen und zum anderen ist zu prüfen, ob sich aus dem Wiedervereinigungsgebot des Grundgesetzes Auswirkungen auf den Anwendungsbereich des Tatbestandsmerkmals ergeben.

a) Die verfassungsrechtliche Eingrenzung des Begriffs „darauf ausgehen"

Der Begriff „darauf ausgehen" setzt voraus, daß ein bestimmtes Ziel erreicht werden soll. Es beinhaltet also zumindest eine dauerhafte und tendenzielle Absicht, an einem vorgenommenen Ziel festzuhalten[58]. Genauerer Prüfung bedarf es freilich, ob in Verfolgung dieser Absicht ein mehr oder weniger qualifiziertes Tätigwerden erforderlich ist[59]. Einen wichtigen Anhaltspunkt gibt hier der Begriff selbst, der bildhaft das Wort „gehen" verwendet[60] und damit ausdrückt, daß sich die Partei bereits in Richtung auf das von ihr verfolgte Ziel hinbewegt. Dieses aber heißt nichts anderes, als daß die verfassungsfeindliche Absicht der Partei nach außen in einer meßbaren Bewegung, also einem aktiven Verhalten, manifestiert sein muß.

Freilich setzt die Tatbestandsverwirklichung von Art. 21 Abs. 2 S. 1 GG nicht voraus, daß ein strafrechtlich relevantes Handeln nachweisbar ist. Art. 21 Abs. 2 GG ist nämlich seinem Wesen nach eine Präventivnorm, deren Anwendungsbereich gerade auch in das Vorfeld strafrechtlicher Verbotsvorschriften hineinragt[61]. Aus dieser Funktionsbestimmung von Art. 21 Abs. 2 GG ergibt sich allerdings, wie das Bundesverfassungsgericht in Bezug auf verfassungsfeindliche Angriffe gegenüber dem Schutzobjekt „freiheitliche demokratische Grundordnung" sehr nachdrücklich festgestellt hat, auch eine Einschränkung: das Verhalten der Partei muß Ausfluß einer „aktiv kämpferischen, aggressiven Haltung" sein[62].

---

[58] *Maunz*, Kommentar, Art. 21 Rdn. 108, erklärt den Begriff im Ansatz zu ungenau, wenn er ihn mit „Beabsichtigen, Planen, Bezwecken" gleichsetzt. Vgl. zur Gesamtproblematik auch BVerfGE 5, 85 (141 f.).

[59] *Henke*, BK, Art. 21 Rdn. 68 verlangt ausdrücklich ein „Handeln der Partei".

[60] Auf diesen Umstand weist auch *Seifert*, DÖV 1961, 81 (82) hin.

[61] Vgl. auch BVerfGE 5, 85 (142). Mißverständlich sind allerdings die auf S. 141 der angeführten Entscheidung enthaltenen Ausführungen: Dort verneint das Gericht das Erfordernis eines Tätigwerdens, meint aber offensichtlich, wie die Überlegungen auf S. 142 zeigen, nur die strafrechtlich relevante Tätigkeit.

[62] Vgl. BVerfGE 5, 85 (141).

II. Die den Schutzobjekten zugeordneten Tatbestandselemente

Zusammenfassend läßt sich deshalb sagen, daß nur ein auf Dauer angelegtes und in seiner Tendenz aktiv kämpferisches, aggressives Verhalten als Bestrebung gewertet werden kann, die auf eine Beeinträchtigung bzw. Gefährdung der Schutzobjekte ausgeht.

Die vorgenommene Eingrenzung des Tatbestandsmerkmals „darauf ausgehen" wird auch dem verfassungsrechtlichen Zuordnungsverhältnis der Art. 5 und 21 Abs. 2 GG gerecht. Werden nämlich politische Meinungen und Theorien, und mögen sie noch so sehr im Widerspruch zu verfassungsrechtlich verbürgten Grundsätzen stehen, nur als solche geäußert, ohne daß zugleich der Versuch unternommen wird, sie in politische Praxis umzusetzen, so kann schon begrifflich kein Angriff i. S. d. Art. 21 Abs. 2 S. 1 GG vorliegen. Eine Beeinträchtigung oder Gefährdung der Schutzobjekte wird nicht angestrebt mit der Folge, daß die grundrechtliche Garantie des Art. 5 GG bestehen bleiben muß[63]. Die gleiche Schlußfolgerung ergibt sich, wenn eine politische Partei, die prinzipiell die in Art. 21 Abs. 2 GG normierten Schutzgüter respektiert, lediglich vereinzelt in verfassungsfeindlichen Aktionen entgleist[64]. Auch hier handelt es sich nämlich nicht um den Versuch, eines der beiden Schutzgüter des Art. 21 Abs. 2 GG durch ein auf Dauer angelegtes, aktiv kämpferisches und aggressives Verhalten beeinträchtigen oder gefährden zu wollen. Zwar verlangt Art. 21 Abs. 2 S. 1 GG als Präventivbestimmung nicht den unmittelbaren Angriff auf die Schutzobjekte, doch muß zumindest ein Angriff in dem oben beschriebenen Sinn erkennbar sein, selbst wenn er nur mittelbar und ohne jede Erfolgschance vorgetragen wird[65].

b) Das Wiedervereinigungsgebot des Grundgesetzes und der Anwendungsbereich des Tatbestandsmerkmals „darauf ausgehen"

Nach der Fassung des Art. 21 Abs. 2 S. 1 GG spielt es keine Rolle, aus welchen Gründen eine politische Partei „darauf ausgeht", die freiheitliche demokratische Grundordnung zu beeinträchtigen. Ob die Partei eine Änderung dieser Ordnung erstrebt, um so die ihrer Ansicht nach notwendigen Voraussetzungen für eine spätere Wiedervereinigung zu schaffen[66], oder ob die Beeinträchtigung der gegenwärtigen Verfassungsordnung das alleinige Ziel ist, bleibt nach dem Wortlaut des Art. 21

---

[63] *Seifert*, DÖV 1961, 81 (82).
[64] Vgl. dazu BVerfGE 5, 85 (143).
[65] Vgl. *Seifert*, DÖV 1961, 81 (83).
[66] Die Wiedervereinigung spielte im KPD-Prozeß eine wesentliche Rolle, da die KPD die Verfassungsmäßigkeit ihrer politischen Zielsetzungen u. a. mit dem Wiedervereinigungsgebot begründen wollte (vgl. *Pfeifer/Strickert*, Dokumentarwerk, Bd. 2 S. 664, 855, 869 sowie Bd. 3 S. 664 ff. = BVerfGE 5, 85 (238 ff.).

Abs. 2 S. 1 GG außer Betracht. Allerdings kann die verfassungsrechtliche Möglichkeit, daß das Wiedervereinigungsgebot eine unterschiedliche Behandlung der beiden Fallgruppen verlangt, nicht schon mit dem Hinweis verworfen werden, Art. 21 Abs. 2 S. 1 GG sehe eine diesbezügliche Differenzierung nicht vor.

Enthielte das Grundgesetz das Gebot zur Wiedervereingung einschränkungslos, so müßte in der Tat gefolgert werden, daß die diesem Gebot verpflichtete politische Agitation selbst dann noch verfassungsmäßig wäre, wenn sie sich gegen die freiheitliche demokratische Grundordnung richtete. Sowohl aus der Präambel des Grundgesetzes als auch aus Art. 146 GG ergibt sich indes, daß das Wiedervereinigungsgebot in diesem absoluten Sinne nicht besteht, denn dort ist bestimmt, daß die Einheit und die Freiheit Deutschlands in freier Selbstbestimmung zu vollenden sind (so die Präambel des Grundgesetzes) und das Grundgesetz erst dann seine Geltungskraft verliert, wenn eine in freier Entscheidung beschlossene neue Verfassung in Kraft tritt (Art. 146 GG). Läßt sich somit nach dem Willen des Grundgesetzes die Einheit nur in Freiheit verwirklichen, so kann sich eine politische Partei, die auf eine Beeinträchtigung der Freiheit hinarbeitet, schon deshalb nicht auf das Wiedervereinigungsgebot als Legitimationsgrund berufen, weil sie eine Einheit in Freiheit gerade verhindern will[67]. Der Anwendungsbereich des Tatbestandsmerkmals „darauf ausgehen" erfährt deshalb durch das Wiedervereinigungsgebot keine Einschränkung[68].

2. Die Tatbestandselemente
„Ziele der Partei" und „Verhalten ihrer Anhänger"

Die Feststellung, ob eine Partei auf eine Beeinträchtigung oder Gefährdung der Schutzgüter ausgeht, ist gemäß Art. 21 Abs. 2 S. 1 GG „nach ihren Zielen oder nach dem Verhalten ihrer Anhänger" zu beurteilen. Art. 21 Abs. 2 S. 1 GG normiert also neben den Angriffsvoraussetzungen zugleich mögliche Erkenntnismittel für den Nachweis der Verfassungswidrigkeit einer Partei.

a) Zur Tatbestandsfunktion der beiden Tatbestandselemente

Bevor die in Art. 21 Abs. 2 S. 1 GG normierten Erkenntnismittel im einzelnen untersucht werden, soll zunächst einem Mißverständnis vorgebeugt werden, das die Tatbestandsfunktion dieser Erkenntnismittel

---

[67] In BVerfGE 5, 85 (129) führt das Gericht wörtlich aus, daß „Einrichtungen der freiheitlichen Demokratie, die eine solche ‚freie Entscheidung' ermöglichen, dort, wo sie bereits bestehen, unter allen Umständen gerade auch unter dem Gesichtspunkt der Wiedervereinigung aufrechterhalten werden müssen."

[68] A. A. aber offenbar *Ridder*, KPD-Verbot, S. 22 und 50.

II. Die den Schutzobjekten zugeordneten Tatbestandselemente

betrifft und wozu der nicht ganz eindeutige Wortlaut von Art. 21 Abs. 2 S. 1 GG Anlaß geben kann. Aus dem Umstand, daß neben den „Zielen der Partei" und dem „Verhalten ihrer Anhänger" weitere mögliche Erkenntnisquellen nicht normiert sind, darf nämlich nicht geschlossen werden, daß andere Erkenntnisquellen als die in Art. 21 Abs. 2 S. 1 GG ausdrücklich genannten nicht verwertbar seien. Eine derartige Begrenzungsfunktion der Tatbestandselemente „Ziele der Partei" und „Verhalten ihrer Anhänger" hätte zur Konsequenz, daß ein tatbestandsmäßiger Angriff auf eines der beiden Schutzgüter des Art. 21 Abs. 2 GG dann nicht abgewehrt werden könnte, wenn er nur im Zusammenhang mit anderen Erkenntnisquellen als den in Art. 21 Abs. 2 S. 1 GG angeführten nachzuweisen wäre. Dies aber wäre mit der umfassenden Sicherungsfunktion, die Art. 21 Abs. 2 GG in Bezug auf die Schutzobjekte zu erüllen hat, unvereinbar. Den Tatbestandselementen „Ziele der Partei" und „Verhalten ihrer Anhänger" kommt deshalb nur eine Art Hinweisfunktion[69] zu mit der Folge, daß die Verfassungswidrigkeit einer Partei auch durch andere Erkenntnisquellen — zu denken ist hier an die Organisationsstruktur der Partei oder auch an die personelle Zusammensetzung ihrer Führungsgremien[70] nachgewiesen werden kann.

b) Ziele der Partei

Was das normierte Erkenntnismittel „Ziele" der Partei angeht, so fällt bei näherem Hinsehen sogleich auf, daß es angesichts der Angriffsvoraussetzung „darauf ausgehen" eigentlich überflüssig ist. Bereits die Prüfung dieses Tatbestandsmerkmals setzt nämlich die Berücksichtigung der Absichten und damit auch „der Ziele" der Partei voraus. Die nochmalige Betonung dieses Umstandes bedeutet demnach nichts weiter als einen tatbestandlichen Pleonasmus[71]. Dieser Pleonasmus läßt sich auch nicht dadurch abmildern, daß man nach einem Vorschlag von Maunz das Tatbestandselement „Ziele" so liest, als ob dort „Programm" stünde[72]. Das Programm einer Partei beinhaltet ja gerade deren Zielsetzung, es sei denn, man bezeichnet als Programm in diesem Sinne nur das offizielle Parteiprogramm[73], was aber dem Verfassungsschutzzweck von Art. 21 Abs. 2 GG zuwiderliefe.

---

[69] Vgl. auch *Seifert*, DÖV 1961, 81 (83). m. w. Nachweisen.
[70] Eine Zusammenstellung möglicher Erkenntnismittel gibt *v. Mangoldt/ Klein*, Kommentar, Art. 21 Anm. VII 4 (S. 631).
[71] *Maunz*, Kommentar, Art. 21 Rdn. 110.
[72] *Maunz*, ebd.
[73] Dafür tritt Henke ein, der sich auf Maunz beruft: vgl. *Henke*, BK, Art. 21, Rdn. 69.

c) Verhalten der Anhänger

Anders als das Tatbestandselement „Ziele der Partei" erfüllt das Tatbestandsmerkmal „Verhalten ihrer Anhänger" eine wichtige Klarstellungsfunktion. Es macht deutlich, daß es bei der Bewertung des Parteiverhaltens nicht allein auf das Verhalten der Parteimitglieder ankommt (dies wird bereits durch die Tatbestandsfassung „Parteien, die ... darauf ausgehen, ..." zum Ausdruck gebracht), sondern ebenso auf das Verhalten von Personen, deren Beziehungen zur Partei von mitgliedschaftlichen Bindungen frei sind. Anhänger im Sinne des Art. 21 Abs. 2 S. 1 GG kann demnach jeder sein, der nach außen erkennbar die Partei unterstützt und offen für sie eintritt[74]. Wegen des Präventivcharakters von Art. 21 Abs. 2 GG kann es dabei auch keine Rolle spielen, ob die Verfassungsfeindlichkeit der Parteiziele von der betreffenden Person erkannt wird oder nicht[75].

Art. 21 Abs. 2 S. 1 GG dehnt also durch den Begriff „Anhänger" den Personenkreis, auf dessen Verhalten es ankommt, sehr weit aus. Dies führt aber nicht einmal mittelbar zu einer Erweiterung des Illegalisierungstatbestandes, denn als Angreifer der Schutzobjekte ist ja die Partei selbst auszuweisen mit der Folge, daß es stets des Nachweises bedarf, ob das Verhalten der Anhänger im konkreten Fall der Partei zugerechnet werden kann[76]. Aus diesem Grunde besteht auch kein Anlaß, den Begriff „Anhänger der Partei" — wie teilweise in der Literatur gefordert wird[77] — entgegen seinem Wortlaut restriktiv auszulegen.

3. Die Tatbestandsmerkmale „beeinträchtigen", „beseitigen" und „gefährden"

Art. 21 Abs. 2 S. 1 GG verlangt für den Angriff auf die Schutzobjekte spezifische Verletzungsabsichten. Während der „Bestand der Bundesrepublik" schon als angegriffen gilt, wenn eine Partei dessen bloße Gefährdung beabsichtigt, ist für den tatbestandsmäßigen Angriff auf die „freiheitliche demokratische Grundordnung" zumindest erforderlich, daß eine Partei die Beeinträchtigung dieser Ordnung will. Nicht vorausgesetzt werden also Handlungen, die bereits eine teilweise Realisierung der Absichten darstellen, obwohl — wie bei der Untersuchung des Tatbestandsmerkmals „darauf ausgehen" festzustellen war[78] — die verfassungsfeindliche Partei dennoch Tätigkeiten entfalten muß, die auf eine spezifische Verletzungsabsicht schließen lassen.

---

[74] Vgl. etwa *Maunz*, Kommentar, Art. 21, Rdn. 112.
[75] *Maunz*, ebd.
[76] *Maunz*, ebd.
[77] Vgl. etwa *v. Mangoldt/Klein*, Kommentar, Art. 21 Anm. VII 1 b (S. 628).
[78] Vgl. oben II. 1. a).

II. Die den Schutzobjekten zugeordneten Tatbestandselemente

a) Die Tatbestandsmerkmale „beeinträchtigen" und „beseitigen"

Da der Beseitigung der freiheitlichen demokratischen Grundordnung deren Beeinträchtigung vorausgeht, wird allein durch das Tatbestandsmerkmal „beeinträchtigen" der Punkt markiert, dessen Überschreitung staatliche Reaktionsmaßnahmen verfassungsrechtlich zulässig macht. Zur Eingrenzung des Tatbestandes von Art. 21 Abs. 2 S. 1 GG kommt es also allein auf die Konkretisierung des Begriffs „Beeinträchtigen" an[79]. Ausgangspunkt für die Interpretation ist der Ausnahmecharakter des Art. 21 Abs. 2 GG und die daraus abzuleitende Forderung nach einer restriktiven Auslegung[80]. Bezogen auf das Tatbestandsmerkmal „beeinträchtigen" heißt dies, daß nicht schon solche Bestrebungen einer Partei den Tatbestand des Art. 21 Abs. 2 S. 1 GG verwirklichen, die lediglich eine geringfügige Verletzung der freiheitlichen demokratischen Grundordnung bezwecken, sondern nur solche, die eine schwerwiegende und nachhaltige Beeinträchtigung dieser Ordnung zum Ziel haben[81]. Dabei kann es allerdings nicht darauf ankommen, ob eine Partei die freiheitliche demokratische Grundordnung insgesamt oder nur in Teilbereichen beeinträchtigen will[82]. Nach der hier entwickelten Auslegung stellt nämlich jedes zu dieser Ordnung gehörende Verfassungsprinzip eine unabdingbare Voraussetzung für die reale Geltung der freiheitlichen demokratischen Grundordnung dar[83], so daß eine schwerwiegende Beinträchtigung eines einzelnen Bestandteils dieser Ordnung immer auch eine Beeinträchtigung der freiheitlichen demokratischen Grundordnung insgesamt bedeutet[84].

b) Das Tatbestandsmerkmal „gefährden"

Der Begriff der Gefährdung ist an den polizeirechtlichen Begriff der drohenden Gefahr angelehnt, weshalb die hierzu entwickelten polizei-

---

[79] *Maunz*, Kommentar, Art. 21 Rdn. 116.
[80] Vgl. *v. Mangoldt/Klein*, Kommentar, Art. 21 Anm. VII 2 (S. 630).
[81] Vgl. *v. Mangoldt/Klein*, ebd. und *Maunz*, Kommentar, Art. 21 Rdn. 116.
[82] Für eine Differenzierung zwischen dem Kampf gegen einzelne Prinzipien der freiheitlichen demokratischen Grundordnung und dem Kampf gegen die Gesamtheit dieser Ordnung sprechen sich aus: *v. Mangoldt/Klein*, Kommentar, Art. 21 Anm. VII 2 (S. 630); *Schmitt Glaeser*, Verwirkung, S. 55 FN 148 und S. 129 f.; wohl auch *Seifert*, DÖV 1961, 81 (84 FN 29).
[83] Vgl. oben I. 1. c) cc).
[84] Die hier entwickelte Interpretation vermeidet also, daß nachträglich über das Tatbestandsmerkmal „beeinträchtigen" wieder herausgefiltert werden muß, was zuvor bedenkenfrei in den Begriff der freiheitlichen demokratischen Grundordnung hineininterpretiert wurde. Dies ist zweifellos ein Vorzug der hier vertretenen restriktiven Auslegung des Begriffs „freiheitliche demokratische Grundordnung".

rechtlichen Grundsätze bedenkenlos für die Interpretation herangezogen werden können[85]. Entsprechend diesen Grundsätzen geht eine politische Partei dann auf eine Gefährdung des Schutzobjekts „Bestand der Bundesrepublik" aus, wenn für den Fall, daß sie ihr Ziel erreichen sollte, von ihr mit hoher Wahrscheinlichkeit eine Beeinträchtigung dieses Schutzobjekts erwartet werden muß. Liegt bereits ein Zustand der Beeinträchtigung vor, so ist eine Gefährdung dann anzunehmen, wenn von der Partei aller Wahrscheinlichkeit nach eine weitere Intensivierung dieses Zustandes befürchtet werden muß.

Die Ausführungen zum Tatbestandsmerkmal „gefährden" dokumentieren, was bereits an anderer Stelle betont wurde: Indem Art. 21 Abs. 2 S. 1 GG als Angriffsvoraussetzung des Schutzobjekts „Bestand der Bundesrepublik" die Gefährdung normiert, verlegt das Grundgesetz in Bezug auf dieses Schutzobjekt die Verteidigungslinie weiter nach vorne als es dies bezüglich der freiheitlichen demokratischen Grundordnung tut. An die sich daraus ergebende interpretatorische Konsequenz, nämlich die strikte Alternativität der Schutzgüter, sei in diesem Zusammenhang nochmals erinnert[86].

III. Zur Frage der subsidiären Anwendbarkeit des Art. 9 Abs. 2 GG auf politische Parteien

Die materielle Verfassungswidrigkeit politischer Parteien wurde bisher ausschließlich unter dem Gesichtspunkt des Art. 21 Abs. 2 S. 1GG untersucht. Im Unterschied zu dem auf politische Vereinigungen anwendbaren Verbotstatbestand des Art. 9 Abs. 2 GG enthält Art. 21 Abs. 2 S. 1 GG jedoch nicht die Verletzung der Strafgesetze bzw. den Verstoß gegen den Gedanken der Völkerverständigung als Illegalisierungsvoraussetzungen. Es ist deshalb der Frage nachzugehen, ob unter dem Vorbehalt des verfassungsgerichtlichen Entscheidungsmonopols (Art. 21 Abs. 2 S. 2 GG) Art. 9 Abs. 2 GG insofern subsidiär auf politische Parteien angewendet werden kann[87], oder ob Art. 21 Abs. 2 S. 1 GG als spezielle Regelung die Anwendung von Art. 9 Abs. 2 GG ausschließt[88].

---

[85] *Evers*, BK, Art. 91 Rdn. 25; *v. Mangoldt/Klein*, Art. 21 Anm. VII 3 (S. 631); *Maunz*, Kommentar, Art. 21 Rdn. 119.

[86] Siehe oben I. 2.

[87] Dies wird im Schrifttum zum Teil angenommen. Inwieweit im einzelnen der Rückgriff auf Art. 9 Abs. 2 GG für zulässig erachtet wird, hängt dabei jeweils davon ab, ob der Illegalisierungstatbestand des Art. 21 Abs. 2 GG enger oder weiter aufgefaßt wird: vgl. *Henke*, BK, Art. 21 Rdn. 30; *Willms*, NJW 1957, 565 (566). *Copić*, Politisches Strafrecht, S. 77 f. geht sogar so weit, tatbestandliche Unterschiede zwischen Art. 9 Abs. 2 und 21 Abs. 2 S. 1 GG trotz der verschiedenen Fassungen der Vorschriften zu verneinen.

III. Zur Frage der subsidiären Anwendbarkeit des Art. 9 Abs. 2 GG

Zunächst ist davon auszugehen, daß die politischen Parteien die begrifflichen Voraussetzungen der verfassungsrechtlichen Vereinigung erfüllen, denn es handelt sich bei ihnen — wie bei anderen politischen Vereinigungen auch — um auf Dauer angelegte, freiwillige Zusammenschlüsse von Personenmehrheiten, die bestimmte politische Zwecke verfolgen und sich einer organisierten Willensbildung unterwerfen[89]. Von daher stehen also dem Rückgriff auf die für politische Vereinigungen geltenden Illegalisierungstatbestände des Art. 9 Abs. 2 GG rechtliche Hindernisse nicht entgegen.

Dennoch ist die subsidiäre Anwendung von Art. 9 Abs. 2 GG auf politische Parteien aus zwei Gründen strikt abzulehnen: Einmal präsentiert sich Art. 21 Abs. 2 S. 1 GG als abschließende Regelung, denn er bezieht die Frage der materiellen Verfassungswidrigkeit politischer Parteien in den geschlossenen Regelungszusammenhang des Parteiwesens ein, ohne auf Art. 9 Abs. 2 GG als subsidiären Illegalisierungstatbestand zu verweisen. Es würde also die tatbestandliche Garantie des Art. 21 Abs. 2 S. 1 GG umgangen werden, wenn man neben Art. 21 Abs. 2 S. 1 GG die Illegalisierungstatbestände des Art. 9 Abs. 2 GG subsidiär anwenden wollte. Zum anderen verbietet die verfassungsrechtliche Stellung der politischen Parteien den Rückgriff auf Art. 9 Abs. 2 GG. Anders als politische Vereinigungen haben diese gemäß Art. 21 Abs. 1 S. 1 GG die Pflicht, an der politischen Willensbildung des Volkes mitzuwirken. Dadurch kommt verfassungsrechtlich zum Ausdruck, daß nicht die politischen Vereingungen, sondern die politischen Parteien die maßgeblichen Funktionsträger des öffentlichen Willensbildungsprozesses sein sollen. Die im Vergleich zu Art. 9 Abs. 2 GG restriktive Fassung des Art. 21 Abs. 2 S. 1 GG gewährleistet deshalb — verfassungsrechtlich konsequent — den politischen Parteien im Unterschied zu den sonstigen politischen Vereinigungen eine umfassendere materiellrechtliche Legalitätsgarantie[90]. Verstöße gegen die Strafgesetze oder den Gedanken der Völkerverständigung können demnach zum Verbot politischer Ver-

---

[88] So die h. M.: *v. d. Heydte*, Die Grundrechte Bd. II, S. 490; *Maunz*, Kommentar, Art. 21 Rdn. 39; *v. Mangoldt/Klein*, Kommentar, Art. 21 Anm. II 6 d (S. 618); *Seifert*, DÖV 1956, 1 (5); BVerfGE 2, 1 (13); 12, 296 (304); 17, 155 (166).

[89] Vgl. Parteienrechtskommission, S. 158 sowie die Legaldefinition des § 2 Abs. 1 VereinsG. Daran ändert auch § 2 Abs. 2 Ziff. 1 VereinsG nichts, demzufolge Parteien keine Vereine i. S. d. VereinsG sind. Die Regelung des § 2 Abs. 2 Ziff. 1 VereinsG stellt nämlich lediglich klar, daß die politischen Parteien nicht den vereinsrechtlichen Bindungen unterliegen und insbesondere auch nicht dem exekutivischen Zugriff nach Art. 9 Abs. 2 GG, § 3 VereinsG ausgesetzt sind.

[90] Wenn man so will, läßt sich dies im Unterschied zum verfahrensrechtlichen „Privileg" des Art. 21 Abs. 2 S. 2 GG auch als materiell-rechtliche „Privilegierung" der politischen Parteien auffassen.

einigungen führen (Art. 9 Abs. 2 GG, § 3 VereinsG). Die materielle Verfassungswidrigkeit politischer Parteien begründen sie indessen nicht[91].

---

[91] Selbst wenn man mit der Mindermeinung (vgl. die Nachweise in FN 87) der Ansicht ist, Art. 9 Abs. 2 GG sei als Illegalisierungstatbestand subsidiär anwendbar, hat dies kaum praktische Relevanz. Eine Partei, die die Schutzgüter des Art. 21 Abs. 2 GG resepktiert, wird zur Durchsetzung legaler Ziele kaum strafrechtlich verpönte Methoden anwenden. Dies beweisen auch die recht gekünstelten Beispielsfälle Čopićs, der auf die Möglichkeiten eines Bankeinbruchs oder der Münzfälschung hinweist, mit deren Hilfe sich Parteien die zur Durchsetzung ihrer verfassungsmäßigen Ziele notwendigen Mittel beschaffen könnten (vgl. Čopić, Politisches Strafrecht, S. 78 f.). — Im übrigen ist darauf hinzuweisen, daß strafrechtliche Sanktionen oder polizeirechtliche Maßnahmen gegenüber Mitgliedern bzw. Anhängern politischer Parteien jederzeit möglich sind, wenn sie Verstöße i. S. d. Art. 9 Abs. 2 GG begehen.

Drittes Kapitel

Das Entscheidungsmonopol des Bundesverfassungsgerichts und die sich daraus ergebende Schutzwirkung für materiell verfassungswidrige Parteien

Die unterschiedliche verfassungsrechtliche Behandlung von politischen Vereinigungen und politischen Parteien, die materiell-rechtlich durch die Zuordnung verschiedener Illegalisierungsvoraussetzungen zum Ausdruck kommt, wird auf der Ebene des Verfahrensrechts durch die Statuierung abweichender Illegalisierungskompetenzen sichtbar. Während die Illegalisierung politischer Vereinigungen in den Aufgabenbereich der Exekutive fällt (Art. 9 Abs. 2 GG, § 3 VereinsG), ist für die Ausschaltung politischer Parteien allein das Bundesverfassungsgericht zuständig (Art. 21 Abs. 2 S. 2 GG). Nachfolgend sollen der Zweck dieser verfahrensrechtlichen Sonderstellung politischer Parteien sowie die damit zusammenhängende Schutzwirkung untersucht werden. Dabei sollen, soweit dies im Hinblick auf Art. 21 Abs. 2 S. 2 GG geboten erscheint, im Rahmen eines Exkurses auch die Rechtsfragen aufgegriffen werden, die in der politischen Öffentlichkeit der Bundesrepublik schon seit geraumer Zeit[1] unter dem Thema „Radikale im öffentlichen Dienst" sehr kontrovers diskutiert werden.

I. Der verfassungsrechtliche Zweck von Art. 21 Abs. 2 S. 2 GG und die irreführende Bezeichnung „Parteienprivileg"

Vielfach wird die Kompetenzregelung des Art. 21 Abs. 2 S. 2 GG als besonderes „Privileg" bezeichnet, das die Verfassung den politischen

---

[1] Die Diskussion dieses Themas wurde vor allem durch den umstrittenen Beschluß der Ministerpräsidentenkonferenz vom 28. 1. 1972, in dem sog. „Grundsätze zur Frage der verfassungsfeindlichen Kräfte im öffentlichen Dienst" niedergelegt sind, entfacht (vgl. Bulletin des Presse- und Informationsamtes der Bundesregierung v. 3. 2. 1972, S. 142). Die Problematik ist allerdings bereits seit den Anfangsjahren der Bundesrepublik auf dem Tisch, wie der Beschluß der (ersten) Bundesregierung vom 19. 9. 1950 über „Politische Betätigung von Angehörigen des öffentlichen Dienstes gegen die demokratische Grundordnung" beweist (vgl. GMBl. 1950, S. 93; zu diesem Beschluß *Rudolph*, DVBl. 1967, 647 f.).

Parteien im Unterschied zu den sonstigen Vereinigungen einräume[2]. Diese weitverbreitete, schlagwortartige Formulierung wird jedoch dem Zweck der verfassungsrechtlichen Regelung des Art. 21 Abs. 2 S. 2 GG nicht gerecht, denn sie verleitet dazu, als rechtliche Bevorzugung zu bewerten, was in Wirklichkeit legitime verfassungsrechtliche Differenzierung ist[3].

Gemäß Art. 21 Abs. 1 S. 1 GG sind die politischen Parteien im Unterschied zu sonstigen politischen Vereinigungen verpflichtet, an der politischen Willensbildung des Volkes mitzuwirken. Das Grundgesetz weist damit den politischen Parteien per definitionem die Rolle von meinungsäußernden und meinungsbildenden Organisationen zu[4], die für den demokratischen Prozeß von essentieller Bedeutung sind. Dieser Rolle aber würde es widersprechen, wenn der Exekutive bei der Illegalisierung einer politischen Partei das Recht des ersten Zugriffs vorbehalten wäre; denn dann würde eine Staatsgewalt zur Entscheidung berufen sein, deren Neutralität und Unbefangenheit wegen der bestehenden Bindung des entscheidungsbefugten Ressortministers an die Regierungspartei(en) nicht verbürgt wäre. Demgegenüber erfüllt das Bundesverfassungsgericht als das zur verbindlichen Klärung verfassungsrechtlicher Streitfragen zuständige Organ die institutionellen Voraussetzungen für eine weitestgehend vorurteilsfreie und nur an der Verfassung selbst orientierten Entscheidung[5]. Sein in der Frage der Parteienillegalisierung be-

---

[2] So die herrschende Terminologie: vgl. BVerfGE 12, 296 (304); 13, 46 (52); 17, 155 (166); 25, 79 (86 f.); *Maunz*, Kommentar Art. 21 Rdn. 102; *Leibholz/ Rinck*, Kommentar, Art. 21 Rdn. 13; *Schmidt-Bleibtreu/Klein*, Kommentar, Art. 21 Rdn. 23; Kommissionsbericht, S. 227 ff.; *Rapp*, Parteienprivileg, S. 39 ff. — Darüber hinaus wird der Begriff „Parteienprivileg" auch verwendet, um die Schutzwirkungen zu bezeichnen, die für eine materiell verfassungswidrige Partei bis zum Verbotsurteil bestehen. Insofern ist der Begriff „Parteienprivileg" allerdings völlig verfehlt, denn die Folgen der materiellen Verfassungswidrigkeit einer Vereinigung treten — ebenso wie im Fall der Parteien — nicht automatisch ein, sondern können erst nach dem von der zuständigen Behörde verfügten Verbot geltend gemacht werden (Art. 9 Abs. 2 GG i. V. m. § 3 Abs. 1 S. 1 VereinsG). Bis auf die unterschiedlich geregelten Zuständigkeiten ist also die Rechtslage für Parteien und Vereinigungen gleich. Vgl. dazu *Wagner*, Verfassungsfeindliche Propaganda, S. 130 ff. u. 134 ff.; *Čopić*, Politisches Strafrecht, S. 66 f.; 9 f.; *Willms*, Staatsschutz, S. 23 f.

[3] Gegen die Bezeichnung „Parteienprivileg" auch *Henke*, BK, Art. 21 Rdn. 31. Zu weit geht allerdings *Čopić*, Politisches Strafrecht, S. 44 ff.: Čopić lehnt jede Sonderstellung der Parteien auf dem Gebiete des Staatsschutzes ab, indem er zu belegen versucht, daß ein generelles Entscheidungsmonopol des Bundesverfassungsgerichts in allen Fällen besteht, in denen zum Schutz der freiheitlich demokratischen Grundordnung Grundrechtspositionen abgeschnitten werden. Die Ansicht Čopićs, die ausnahmslos auf herbe Kritik gestoßen ist, ist angesichts der Sonderregelungen der Art. 18 und 21 Abs. 2 GG sowie der dort statuierten Sonderkompetenzen abzulehnen. Vgl. *Wagner*, Verfassungsfeindliche Propaganda, S. 110 FN 89 m. w. Nachweisen.

[4] Vgl. *Dagtoglou*, Parteipresse, S. 32.

II. Die sich aus dem Entscheidungsmonopol ergebende Schutzwirkung

stehendes Entscheidungsmonopol ist deshalb dem Grunde nach die verfassungsrechtliche Konsequenz aus der Stellung, die die politischen Parteien im staatlichen Gemeinwesen einnehmen, nicht aber die Folge einer demokratischen Staatsdenken zuwiderlaufenden Privilegierung. Die Bezeichnung „Parteienprivileg" ist deshalb abzulehnen[6].

II. Die mit dem verfassungsgerichtlichen Entscheidungsmonopol zusammenhängende Schutzwirkung

Art. 21 Abs. 2 GG gliedert den Komplex der Verfassungswidrigkeit politischer Parteien in einen materiell-rechtlichen und formell-rechtlichen Teil auf. In Art. 21 Abs. 2 S. 1 GG wird durch einen abschließenden Illegalisierungstatbestand die materielle Verfassungswidrigkeit normiert, während Art. 21 Abs. 2 S. 2 GG, indem er die Feststellung der materiellen Verfassungswidrigkeit ausschließlich dem Bundesverfassungsgericht vorbehält, die formelle Verfassungswidrigkeit regelt[7]. Aus dieser Zweiteilung ergibt sich für eine politische Partei, die zwar materiell verfassungswidrig ist, deren materielle Verfassungswidrigkeit aber formell durch die verfassungsgerichtliche Entscheidung noch nicht bestätigt ist, zwangsläufig eine verfassungsrechtliche Schutzwirkung.

1. Die verfassungsrechtliche Qualifizierung der Schutzwirkung

a) Übersicht über den zu dieser Frage vollzogenen Auslegungswandel

Die verfassungsrechtliche Qualifizierung der Schutzwirkung des Art. 21 Abs. 2 S. 2 GG hat in der Literatur und Rechtsprechung erhebliche Schwierigkeiten bereitet, wie der zu dieser Frage vollzogene Auslegungswandel zeigt. Ohne im einzelnen auf Detailfragen eingehen zu müssen, lassen sich drei Etappen feststellen, die den Wandel in der Auslegung des Art. 21 Abs. 2 S. 2 GG sichtbar machen.

---

[5] Kritik an der Regelung des Art. 21 Abs. 2 S. 2 GG übte allerdings *Scheuner*, DVBl. 1952, 293 (297), der die Illegalisierung politischer Parteien (wohl im Hinblick auf die Verfassungspraxis der Weimarer Republik) als „ihrer Natur nach exekutive Maßnahme" bezeichnete. Die Kritik Scheuners sowie der in diesem Zusammenhang immer wieder vernehmbare Einwand, die Kompetenz des Art. 21 Abs. 2 GG führe zu einer „Politisierung der Justiz" bzw. einer „Juridifizierung der Politik" gehen indes fehl, da die eigentliche politische Entscheidung mit dem Antragsrecht verbunden ist (vgl. dazu 4. Kap. II sowie *Höver*, Parteiverbot, S. 133 ff.).

[6] In der Regel wird die Formulierung „Parteienprivileg" ohnehin nur mit einem gewissen Unbehagen gebraucht, was daran zu erkennen ist, daß der Begriff entweder stets in Anführungszeichen gesetzt oder aber mit dem Attribut „sogenannt" versehen wird.

[7] So *Isensee*, Jus 1973, 265 (266).

aa) Die Theorie von der rein deklaratorischen Wirkung des Verbotsurteils

Die Ausgangsphase der verfassungsrechtlichen Auseinandersetzung bildete die Meinung[8], Art. 21 Abs. 2 S. 2 GG entfalte für die Zeit vor der verfassungsgerichtlichen Entscheidung keinerlei Schutzwirkungen. Nach dieser Auffassung wurde Art. 21 Abs. 2 S. 1 GG also unmittelbar rechtsgestaltende Wirkung zugesprochen und politische Parteien, auf die der Tatbestand der materiellen Verfassungswidrigkeit zutraf, per legem als verboten angesehen. Der Entscheidung des Bundesverfassungsgerichts kam demzufolge nur die Bedeutung einer letztverbindlichen, rein deklaratorischen Feststellung zu.

bb) Die Theorie von der deklaratorisch-konstitutiven Wirkung des Verbotsurteils

Allerdings setzte sich alsbald die Einsicht durch, daß die These von der rein deklaratorischen Wirkung mit dem Entscheidungsmonopol des Bundesverfassungsgerichts nicht vereinbar sein konnte, denn dies ergab ja die Konsequenz, daß die Verfassungswidrigkeit einer politischen Partei schon vor der verfassungsgerichtlichen Entscheidung zur Grundlage richterlicher oder exekutivischer Akte werden konnte. Die These von der rein deklaratorischen Wirkung wurde deshalb modifiziert: Zwar ging man in Übereinstimmung mit der bisherigen Meinung weiterhin davon aus, daß die Verfassungswidrigkeit einer politischen Partei durch das Bundesverfassungsgericht rückwirkend, also deklaratorisch festzustellen ist; in Abwandlung zur früheren Auffassung sprach man dem Verfassungsgerichtsurteil nunmehr jedoch insoweit konstitutive Wirkung zu, als man die rechtliche Geltendmachung der Verfassungswidrigkeit einer Partei erst mit dem Zeitpunkt der Urteilsverkündung — dann allerdings rückwirkend — für zulässig hielt[9]. Für das Gebiet des Strafrechts hatte dies zur Folge, daß die Verwirklichung von Straftatbeständen, die inhaltlich dem materiell-rechtlichen Illegalisierungstatbestand des Art. 21 Abs. 2 S. 1 GG entsprachen, strafbares Unrecht blieb, die Strafverfolgung aber bis zur Entscheidung des Bundesverfassungsgerichts aufgeschoben war[10].

cc) Die Theorie von der konstitutiven Wirkung des Verbotsurteils

Den entscheidenden Wendepunkt führte indes erst die bekannte, zu § 90 a a. F. StGB ergangene Entscheidung des Bundesverfassungsgerichts

---

[8] *Maunz*, Staatsrecht, 1. Aufl., S. 51.

[9] So die h. M. bis zum Urteil des Bundesverfassungsgerichts vom 21. 3. 1961 (BVerfGE 12, 296 ff.); vgl. statt vieler *Lüttger*, GA 58, 181 ff. m. w. Nachweisen.

[10] Der Gesetzgeber machte sich beim Erlaß des 1. Strafrechtsänderungsgesetzes vom 30. 8. 1951 (BGBl I S. 739) die deklaratorisch-konstitutive These zu eigen (vgl. § 90 a Abs. 3 StGB i. d. F. des 1. Strafrechtsänderungsgesetzes).

II. Die sich aus dem Entscheidungsmonopol ergebende Schutzwirkung 59

vom 21. 3. 1961[11] herbei, in der erstmals[12] höchstrichterlich ausgesprochen wurde, daß die mit allgemein erlaubten Mitteln arbeitende parteioffizielle Tätigkeit der Funktionäre und Anhänger der Partei[13] in die Schutzwirkung des Art. 21 Abs. 2 S. 2 GG einbezogen sei und deshalb solange als „rechtmäßig[14]" zu gelten habe, bis die Verfassungswidrigkeit der Partei durch das Bundesverfassungsgericht festgestellt sei. Diese mit der bisherigen herrschenden Meinung brechende Auslegung begründete das Bundesverfassungsgericht im wesentlichen mit folgenden Argumenten[15]: Im Gegensatz zu den politischen Vereinigungen gewähre das Grundgesetz den politischen Parteien durch das in Art. 21 Abs. 2 S. 2 statuierte Entscheidungsmonopol eine besondere Schutz- und Bestandsgarantie, die es verbiete, die Verfassungswidrigkeit einer politischen Partei vor der Entscheidung des Bundesverfassungsgerichts rechtlich geltend zu machen. Dieser Schutz- und Bestandsgarantie widerspreche es, wenn Funktionäre und Anhänger für eine „mit allgemein erlaubten Mitteln arbeitende parteioffizielle Tätigkeit" strafrechtlich zur Verantwortung gezogen werden könnten, denn das würde die Partei selbst handlungsunfähig machen und die ihr verbürgte grundgesetzliche Toleranz aushöhlen. Art. 21 Abs. 2 GG räume deshalb als verfassungsrechtliches „Korrelat der Freiheit der Parteigründung" die Befugnis ein, sich mit allgemein erlaubten Mitteln solange „rechtmäßig" für eine Partei einsetzen zu können, bis die Illegalität der Partei durch das verfassungsgerichtliche Urteil rechtsverbindlich geklärt sei. Dies gebiete auch das Rechtsstaatsprinzip, denn die Rechtsordnung könne nicht ohne Verstoß gegen dieses Prinzip „die zunächst eingeräumte Freiheit, eine Partei zu gründen und für sie im Verfassungsleben zu wirken, nachträglich als rechtswidrig behandeln."

Die genannten Gründe veranlaßten das Bundesverfassungsgericht, § 90 a a. F. StGB insoweit für verfassungswidrig zu erklären, als er die Gründung und Förderung verfassungsfeindlicher Parteien unter Strafe stellte und dem verfassungsgerichtlichen Verbotsurteil lediglich die Bedeutung einer Strafverfolgungsvoraussetzung beimaß. Mit der teilweisen Beseitigung dieser Strafnorm war also im Ergebnis die auch verfassungsfeindlichen Parteien vom Grundgesetz zugestandene Toleranz höchstrichterlich anerkannt worden, obwohl nicht zu verkennen ist,

---

[11] BVerfGE 12, 296 ff. = NJW 1961, 723 f. = JZ 1961, 321 ff. m. Anm. v. *Reissmüller*.

[12] Das Bundesverfassungsgericht hat in mehreren Entscheidungen seine in BVerfGE 12, 296 ff. entwickelte Auffassung bestätigt: vgl. BVerfGE 13, 46 (52); 13, 123 (126); 17, 155 (166).

[13] BVerfGE 12, 296 (305).

[14] BVerfGE 12, 296 (307).

[15] Die entscheidenden Überlegungen des in FN 14 zitierten Urteils finden sich auf den S. 304—307, auf die generell verwiesen wird.

daß die vom Bundesverfassungsgericht in den Entscheidungsgründen entwickelte Theorie von der konstitutiven Wirkung des Verbotsurteils im Hinblick auf Art. 21 Abs. 1 S. 1 GG äußersten Bedenken begegnen muß.

b) Verfassungsrechtliche Kritik an der Theorie von der konstitutiven Wirkung des Verbotsurteils und eigene Meinung

Die unter dem Einfluß der Lehre vom Parteienprivileg entwickelte Theorie des Bundesverfassungsgerichts, die zur Unterstützung einer politischen Partei von Funktionären und Anhängern entfaltete Tätigkeit sei so lange rechtmäßig, bis die Verfassungswidrigkeit der Partei durch das verfassungsgerichtliche Verbotsurteil festgestellt ist, verstößt eklatant gegen Art. 21 Abs. 1 S. 1 GG[16]. Sie verkehrt die in Art. 21 Abs. 2 S. 1 GG eindeutig zum Ausdruck gebrachte verfassungsrechtliche Wertung in ihr Gegenteil und spricht darüber hinaus der verfassungsgerichtlichen Entscheidung eine Wirkung zu, die ihr nach dem klaren Wortlaut des Art. 21 Abs. 2 S. 2 GG nicht zukommt. Gemäß Art. 21 Abs. 2 S. 2 GG hat das Bundesverfassungsgericht über die Frage der Verfassungswidrigkeit einer politischen Partei „zu entscheiden", also zu prüfen, ob eine Partei verfassungswidrig ist oder nicht. Dagegen ist dem Bundesverfassungsgericht nicht die Kompetenz eingeräumt, die Verfassungswidrigkeit einer politischen Partei durch richterlichen Gestaltungsakt selbst herbeizuführen[17] und demgemäß das vor dem Verbotsurteil liegende materiell verfassungswidrige Verhalten als rechtmäßig und damit verfassungsmäßig zu deklarieren.

Zur Begründung des auch verfassungsfeindlichen Parteien bis zum Erlaß des Verbotsurteils grundgesetzlich zustehenden Betätigungsspielraums hätte das Bundesverfassungsgericht allerdings nicht den von ihm eingeschlagenen, verfassungsrechtlich bedenklichen Weg beschreiten müssen, denn die korrekte Anwendung des Rechtsstaatsprinzips führt faktisch zum gleichen Ergebnis[18]. Geht man nämlich in Anlehnung an

---

[16] Die Begründung des Urteils hat im allgemeinen auch keine Zustimmung gefunden: vgl. etwa *Rapp*, Parteienprivileg, S. 108 ff.; *Schmitt Glaeser*, Verwirkung, S. 257 f.; *Wagner*, Verfassungsfeindliche Propaganda, S. 120 ff.; *Willms*, Staatsschutz, S. 22 u. S. 41 FN 21; ders., Staatsschutzkonzept des Grundgesetzes, S. 17 ff. Zustimmend dagegen *Čopić*, Politisches Strafrecht, S. 81 ff.

[17] Dies hält jedoch *Čopić*, der die Rechtmäßigkeitsthese des Bundesverfassungsgerichts verteidigt, für zulässig: Er ordnet das Verbotsurteil in die Gruppe von Gestaltungsurteilen ein, die eine Rechtsänderung mit ex-nunc-Wirkung auslösen und somit gleichsam selbst Elemente des gesetzlichen Tatbestands sind (vgl. *Čopić*, Politisches Strafrecht, S. 43 FN 96).

[18] Daß bei der vom Bundesverfassungsgericht in seinem Urteil vom 21. 3. 1961 zu entscheidenden Frage allein die Anwendung des Rechtsstaatsprinzips

das Bundesverfassungsgericht zu Recht davon aus, daß es einer Aushöhlung des verfassungsgerichtlichen Entscheidungsmonopols gleichkäme, wenn staatliche Organe eine Partei schon vor dem verfassungsgerichtlichen Verbot von der Teilnahme am politischen Willensbildungsprozeß ausschließen könnten, so ergibt sich im Hinblick auf das Rechtsstaatsprinzip zwingend die weitere Folge, daß das bis zur verfassungsgerichtlichen Entscheidung rechtlich zu tolerierende Verhalten auch nachträglich nicht mehr zum Anknüpfungspunkt strafrechtlicher Verfolgungen werden darf.

Die mit Art. 21 Abs. 2 S. 2 GG zusammenhängende Schutzwirkung erweist sich somit als zeitlich limitierte Toleranz gegenüber Intoleranz. Als solche begründet sie lediglich die Verpflichtung, die politische Betätigung einer verfassungsfeindlichen Partei bis zum Erlaß des Verbotsurteils hinzunehmen, nicht aber die Fiktion, daß die zu tolerierende Betätigung rechtmäßig ist[19]. Die so qualifizierte, zeitlich ohnehin begrenzte Schutzwirkung unterliegt aber zwei wesentlichen Einschränkungen: Einmal gilt sie nur für die mit allgemein erlaubten Mitteln durchgeführte verfassungsfeindliche Betätigung der Partei, was bedeutet, daß das Parteiverhalten dann nicht mehr toleriert werden muß, wenn neben den in Art. 21 Abs. 2 GG normierten Rechtsgütern andere strafrechtlich geschützte Rechtsgüter verletzt werden[20]. Zum anderen kann sie nicht verhindern, daß gegen Einzelpersonen wegen deren verfassungsfeindlicher parteikonnexer Betätigung aufgrund von Art. 18 GG vorgegangen wird, denn das Verfassungsschutzsystem des Grundgesetzes sieht die Verwirkung politisch relevanter Grundrechte als gleichberechtigte Verfassungsschutzmaßnahme neben den kollektivrechtlichen Verfassungsschutzregelungen der Art. 9 Abs. 2 und 21 Abs. 2 vor[21].

2. Der Umfang der mit Art. 21 Abs. 2 S. 2 GG zusammenhängenden Schutzwirkung

Nach der verfassungsrechtlichen Qualifizierung der mit Art 21 Abs. 2 S. 2 GG zusammenhängenden Schutzwirkung ist es noch notwendig,

---

zum richtigen Ergebnis führt, betont auch *Willms*, Staatsschutz, S. 41 FN 21. Vgl. hierzu auch *Wagner*, Verfassungsfeindliche Propaganda, S. 122 und *Hans H. Klein*, Berufung, S. 86.

[19] Daß es widersprüchlich ist, von Toleranz gegenüber einem Verhalten zu sprechen, das man als rechtmäßig klassifiziert, bemerkt mit Recht *Schmitt Glaeser*, Verwirkung, S. 257.

[20] So hat beispielsweise der Bundesgerichtshof entschieden, daß die Verunglimpfung einer staatlichen Institution, obwohl sie den Zielen einer Partei entspricht, bestraft werden kann, da es sich nicht um eine sozialadäqute Parteitätigkeit handele (BGHSt 19, 311 (315 ff.).

[21] So die ganz h. M.: Vgl. etwa BVerfGE 2, 1 (74 f.); 25, 44 (60); *Leibholz/Rinck*, Art. 18 Rdn. 1; *Schmitt Glaeser*, Verwirkung, S. 241 f.; *Rapp*, Parteienprivileg, S. 55 ff.; *Willms*, NJW 1964, 225 (226).

den Umfang dieser Schutzwirkung einzugrenzen. Zur Lösung dieses Problems stehen zwei Bezugspunkte zur Verfügung: der von der Schutzwirkung erfaßte Personenkreis und die in die Schutzwirkung einbezogenen Handlungen.

a) *Begrenzung anhand des erfaßten Personenkreises*

Es liegt nahe, den von der Schutzwirkung des Art. 21 Abs. 2 S. 2 GG erfaßten Personenkreis auf solche Personen zu beschränken, die durch das verfassungsgerichtliche Verbot unmittelbar in ihrer mitgliedschaftlichen Beziehung zur verfassungswidrigen Partei betroffen werden. Wenn es nämlich, so läßt sich argumentieren, das Ziel des Verbotsurteils ist, die organisatorischen Grundlagen der Partei zu zerschlagen, so darf das bis zur Urteilsverkündung bestehende grundgesetzliche Toleranzgebot auch nur für diejenigen Handlungen gelten, die aufgrund rechtlicher Bindungen zur Partei vorgenommen werden. In die Schutzwirkung des Art. 21 Abs. 2 S. 2 GG wären nach dieser Auffassung also nur die Funktionäre und Mitglieder der verfassungsfeindlichen Partei einzubeziehen, nicht aber die von organisationsrechtlichen Bindungen freien Anhänger und Förderer der Partei[22].

Eine Beschränkung des von der Schutzwirkung erfaßten Personenkreises auf Funktionäre und Mitglieder stimmt indes nicht mit den Wirkungen des Verbotsurteils und folglich auch nicht mit der bis zum Erlaß des Verbotsurteils rechtsstaatlich gewährleisteten Toleranz überein. Sinn des Verbotsurteils ist es, den besonderen Gefahren vorzubeugen, die der in einer politischen Partei organisierte Personenverband verursacht[23]. Nicht die einer verfassungsfeindlichen Partei angehörende, politisch agierende Einzelperson, sondern der durch die Partei repräsentierte Organisationsapparat ist Zielobjekt der Verfassungsschutzvorschrift des Art. 21 Abs. 2 GG. Mit dieser Zielrichtung des Art. 21 Abs. 2 GG wäre es nicht zu vereinbaren, wenn die Wirkungen des Parteiverbots nur die in die Parteiorganisation eingegliederten Personen — also die Funktionäre und Mitglieder — treffen würde, nicht aber solche Personen, die als Außenstehende den organisatorischen Zusammenhalt der rechtlich liquidierten Partei unterstützen. Die Wirkungen des Parteiverbots erstrecken sich daher, wie auch das Bundesverfassungsgericht bereits mehrfach entschieden hat[24], auf alle Personen, die durch ihren politischen Einsatz den Fortbestand oder das weitere Anwachsen der

---

[22] Für eine Begrenzung der Schutzwirkung auf Parteimitglieder ist in jüngster Zeit *Schweiger*, JZ 1974, 743 (747) eingetreten.
[23] Vgl. BVerfGE 25, S. 44 (56 ff.), 64 (68), 79 (86).
[24] Vgl. die in FN 23 angeführten Entscheidungen des Bundesverfassungsgerichts.

II. Die sich aus dem Entscheidungsmonopol ergebende Schutzwirkung 63

für verfassungswidrig erklärten Partei objektiv fördern. Entsprechendes muß demgemäß auch für die personelle Ausrichtung der mit Art. 21 Abs. 2 S. 2 GG zusammenhängenden Schutzwirkung gelten, denn sie beinhaltet ja gerade das verfassungsrechtliche Gebot, daß das, was durch das Verbotsurteil für die Zukunft untersagt wird, bis zum Zeitpunkt des Urteilserlasses noch hinzunehmen ist[25].

Die Eingrenzung des Umfangs der aus Art. 21 Abs. 2 S. 2 GG resultierenden Schutzwirkung kann also nicht durch die Beschränkung des maßgeblichen Personenkreises erreicht werden. Zwar hat sich ergeben, daß die Schutzwirkung außer den Funktionären und Mitgliedern der verfassungsfeindlichen Partei auch die mitgliedschaftlich nicht gebundenen Förderer und Anhänger erfaßt. Inwieweit dies allerdings im konkreten Fall zutrifft, kann schon wegen der begrifflichen Unschärfe der Bezeichnung „Förderer" oder „Anhänger" nur anhand der von diesen Personen entfalteten Tätigkeiten beurteilt werden. Brauchbare Kriterien zur Umfangsbegrenzung der Schutzwirkung des Art. 21 Abs. 2 S. 2 GG sind deshalb allein von der verfassungsrechtlichen Typisierung der in Frage kommenden Betätigungsweisen zu erwarten.

b) Begrenzung aufgrund der erfaßten Handlungen

Mit der verfassungsrechtlichen Qualifizierung der mit Art. 21 Abs. 2 S. 2 GG zusammenhängenden Schutzwirkung als Toleranz gegenüber der politischen Betätigung verfassungswidriger Parteien ist zugleich zum Ausdruck gebracht, daß nur solche politische Handlungen von der Schutzwirkung des Art. 21 Abs. 2 S. 2 GG erfaßt werden können, die parteibezogen sind. Die Typisierung der aufgrund der Schutzwirkung zu tolerierenden Verhaltensweisen hängt also davon ab, wie der Begriff des parteibezogenen Handelns auszulegen ist.

Daß die Schutzwirkung nicht auf „partei-offizielle", also „partei-amtliche" Tätigkeiten beschränkt werden darf, wurde bereits deutlich, als die Möglichkeit einer Begrenzung der Schutzwirkung auf Parteimitglieder und -funktionäre abgelehnt wurde. Im Hinblick auf den politischen Aktionsradius, den Art. 21 Abs. 1 S. 1 GG den Parteien einräumt, ist ein weiterer Gesichtspunkt für den vorliegenden Zusammenhang wichtig. Wenn nämlich die Schutzwirkung des Art. 21 Abs. 2 S. 2 GG verbietet,

---

[25] Die von *Wagner*, Verfassungsfeindliche Propaganda, S. 123 geäußerte Kritik, daß der Umfang des „Parteienprivilegs" von Dagtoglou (Parteipresse, S. 37 ff.) und Willms (NJW 1957, 565, 567) fälschlicherweise von den Wirkungen des Parteiverbots her beurteilt werde, ist im Ansatz verfehlt. Die Wirkungen des Verbotsurteils geben, wenn sie dem Sinn und Zweck des Art. 21 Abs. 2 entsprechend entwickelt werden, sehr wohl Auskunft über den Umfang der Schutzwirkung des Art. 21 Abs. 2 GG. Die von *Wagner*, S. 126 FN 134 zitierte Rechtsprechung des Bundesverfassungsgerichts liefert dafür gerade den Beweis.

die materielle Verfassungswidrigkeit einer politischen Partei vor dem Erlaß des Verbotsurteils rechtlich geltend zu machen, so bedeutet dies in erster Linie, daß sich die verfassungsfeindliche Partei bis zu diesem Zeitpunkt wie eine verfassungsmäßige Partei frei und unbehindert am politischen Willensbildungsprozeß des Volkes beteiligen kann. Daraus folgt, daß nicht nur die von der Partei getragene oder autorisierte politische Willensbildungsarbeit zu tolerieren ist, sondern letztlich jede parteikonnexe Tätigkeit, die objektiv die politische Unterstützung der Partei bezweckt[26]. Die gegenteilige Ansicht ergäbe die paradoxe Konsequenz, daß zwar die parteiamtliche Willensbildungsarbeit als solche sowie die in allgemeinen Wahlen für die Partei erfolgte Stimmabgabe bis zum Erlaß eines Verbotsurteils hingenommen werden müßten, nicht aber der von der Partei erreichte politische Erfolg, daß sich ein Teil der Aktivbürgerschaft öffentlich für die Partei einsetzt, ohne dazu durch besondere mitgliedschaftliche Bindungen motiviert zu sein[27].

Die einer verfassungsfeindlichen Partei bis zum Erlaß des Verbotsurteils nach Art. 21 Abs. 2 GG zukommende Schutzwirkung kann nach alledem nicht restriktiv aufgefaßt werden. Sie erfaßt jede mit allgemein erlaubten Mitteln zu Gunsten der Partei durchgeführte politische Aktion ohne Rücksicht darauf, ob sie als parteioffiziell zu bewerten ist oder nicht[28]. In diesem weiteren Sinne muß sie jedoch parteibezogen bleiben, so daß alle diejenigen Betätigungen als nicht parteibezogen von der Schutzwirkung des Art. 21 Abs. 2 S. 2 GG auszunehmen sind, die einer verfassungsfeindlichen Partei zwar nützen, durch die aber objektiv andere Zwecke als die der Partei verfolgt werden[29]. Inwieweit im konkreten Fall das eine oder andere anzunehmen ist, mag zwar beweistechnisch schwierig sein, da die wirklichen Parteiziele[30] oft nur schwer zu ermitteln sind. Diese Schwierigkeiten müssen aber in Kauf genommen werden, da eine restriktive Auslegung der Schutzwirkung im Hinblick auf den weiten Aufgabenbereich, den Art. 21 Abs. 1 S. 1 GG den politischen Parteien zuweist, nicht vertretbar erscheint[31].

---

[26] Soweit die Voraussetzungen des Art. 18 GG gegeben sind, kann freilich gegen Einzelpersonen nach dieser Vorschrift vorgegangen werden.

[27] Dies wäre insbesondere im Hinblick auf die sich häufig zur Unterstützung von politischen Parteien formierenden Wählerinitiativen sehr bedenklich.

[28] So im Ergebnis auch *Rapp*, Parteienprivileg, S. 88 ff. m. w. Nachweisen.

[29] Folgendes Beispiel sei genannt: Eine extremistische Organisation unterstützt eine bestimmte, ihren politischen Vorstellungen am nächsten kommende extremistische Partei mit dem Ziel, in dieser Partei immer mehr an Einfluß zu gewinnen und sie schließlich ganz zu vereinnahmen.

[30] Wie bei der verfassungsgerichtlichen Feststellung, daß eine Partei verfassungswidrig ist, kann es auch hier nur auf die wahren, nicht aber die vorgetäuschten Ziele der Partei ankommen. Vgl. dazu *Rapp*, Parteienprivileg, S. 95 ff.

[31] Das Bundesverfassungsgericht läßt in seiner Entscheidung vom 21. 3. 1961 (= BVerfGE 12, S. 296, 305) erkennen, daß es die gleiche Auffassung vertritt,

III. Exkurs: Die politische Betätigung für eine nicht verbotene verfassungswidrige Partei und die Verfassungstreuepflicht des öffentlichen Dienstrechts

1. Fragestellung

Die aus dem Entscheidungsmonopol des Bundesverfassungsgerichts resultierende Schutzwirkung spielt in der nicht endenden Diskussion um die Frage, inwieweit die Grundsätze des öffentlichen Dienstrechts[32] der Beschäftigung sogenannter Radikaler[33] im öffentlichen Dienst entgegenstehen, eine höchst umstrittene Rolle. Im Rahmen der Themenstellung dieser Arbeit ist deshalb, ohne daß die gesamte, insbesondere mit Art. 33 GG zusammenhängende Problematik dieses Diskussionsgegenstandes aufgerollt werden muß, zu prüfen, ob die von Art. 21 Abs. 2 S. 2 GG ausgehende Schutzwirkung sich als verfassungsrechtliches Hindernis erweist, wenn es um die Abwehr verfassungsfeindlicher Kräfte im Bereich des öffentlichen Dienstes geht. Ausgehend von dem Befund, den die verfassungsrechtliche Untersuchung der Schutzwirkung bisher erbracht hat, nämlich daß die bis zum Erlaß des Verbotsurteils bestehende Schutzwirkung als verfassungsrechtliche Toleranz gegenüber jedermann — also nicht nur gegenüber Parteimitgliedern und -funktionären — zum Zuge kommt, lautet die Fragestellung: Ist es mit der durch Art. 21 Abs. 2 S. 2 GG begründeten Schutzwirkung vereinbar, daß die parteibezogene politische Betätigung[34] eines Amtsbewerbers oder Amtsträgers zum Anlaß für eine nachteilige dienstrechtliche Entscheidung gemacht wird, wie sie Nichteinstellung, disziplinarrechtliche Verfolgung oder Nichtbeförderung darstellen?

2. Der bisherige Meinungsstand

In Literatur und Rechtsprechung sind die Meinungen darüber, ob die politische Betätigung für eine noch nicht für verfassungswidrig erklärte,

---

denn es zitiert hier aus einer Entscheidung des Bundesgerichtshofes, in der der Umfang der Schutzwirkung des Art. 21 Abs. 2 S. 2 GG unter Berücksichtigung des Aufgabenbereichs der Parteien abgegrenzt wird (vgl. BGHSt 6, S. 318, 320).

[32] Vgl. §§ 35 Abs. 1 S. 3, 4 Abs. 1 Nr. 2 BRRG sowie die entsprechenden Beamtenrechtsvorschriften der Länder (Bayern: Art. 62 Abs. 2, 9 Abs. 1 Nr. 2 BayBG); §§ 52 Abs. 2, 7 Abs. 1 Nr. 2 BBG; §§ 38, 9 Nr. 2 DRiG; §§ 8, 37 Abs. 1 Nr. 2 SoldatenG.

[33] Zwar wird häufig anstatt von Verfassungsfeinden von Radikalen gesprochen. Dies ist jedoch begrifflich nicht besonders korrekt, denn radikal verhält sich jeder, der sich kompromißlos für ein politisches Ziel einsetzt, auch wenn das politische Ziel nicht verfassungsfeindlich genannt werden kann.

[34] Dazu zählt natürlich auch die Parteimitgliedschaft. Manche Autoren verengen allerdings unnötig die Fragestellung, indem sie die Problematik nur unter dem Gesichtspunkt der Parteimitgliedschaft behandeln: vgl. etwa *Plümer*, NJW 1973, 4 ff.; *Maurer*, NJW 1972, 601 ff.; *Rudolph*, DVBl. 1967, 647 ff.

verfassungsfeindliche Partei als negatives Kriterium bei der Beurteilung der Verfassungstreue eines Amtsbewerbers bzw. Amtsträgers herangezogen werden kann, kontrovers. Die sich gegenüberstehenden Lager sind in etwa gleich groß, obwohl in jüngster Zeit — wie der jüngste Beschluß des Bundesverfassungsgerichts vom 22. 5. 1975[35] sowie weitere obergerichtliche Entscheidungen[36] beweisen — die Ansicht immer mehr an Gewicht gewinnt, daß die Bewertung parteikonnexer Betätigung zum Nachteil des betroffenen Amtsbewerbers bzw. Amtsträgers verfassungsrechtlich zulässig oder gar geboten ist. Nachfolgend soll ein kurzer Überblick über den derzeitigen Meinungsstand gegeben werden, der wegen der kaum mehr überschaubaren Fülle des inzwischen zur Verfügung stehenden Materials auf die Wiedergabe der hauptsächlich verwendeten Argumente beschränkt bleiben muß.

*a) Die restriktive Interpretation
der politischen Treuepflicht*

Die Verfechter der Rechtsauffassung, daß die parteikonnexe politische Betätigung wegen der sich aus Art. 21 Abs. 2 S. 2 GG ergebenden Schutzwirkung bei der Prüfung der Verfassungstreue eines Amtsbewerbers bzw. Amtsträgers bis zum Erlaß eines Verbotsurteils außer Betracht bleiben müsse[37], beziehen ihre Argumente fast ausnahmslos aus der Entscheidung des Bundesverfassungsgerichts vom 21. 3. 1961[38]. Anknüpfend an die in dieser Entscheidung getroffene Feststellung, daß die mit allgemein erlaubten Mitteln arbeitende partei-offizielle Tätigkeit bis zur Verkündung des verfassungsgerichtlichen Verbotsurteils als rechtmäßig zu bewerten sei[39], wenden sie die vom Bundesverfassungsgericht auf das Gebiet des Strafrechts bezogene Schlußfolgerung, daß das, was das Grundgesetz gestatte, vom Strafrecht nicht verboten werden könne[40], entsprechend auf das Beamtenrecht an. Was das Grundgesetz als legale politische Betätigung ausweise, so wird argumentiert, könne das Beamtenrecht nicht untersagen.

Aber auch die Autoren, die die Rechtmäßigkeitsthese des Bundesverfassungsgerichts verfassungsrechtlich zumindest als bedenklich einstu-

---

[35] Der Beschluß des Bundesverfassungsgerichts vom 22. 5. 1975 ist veröffentlicht in NJW 1975, 1641 ff.
[36] Vgl. OVG Rheinland-Pfalz JZ 1974, 20 ff.; BVerwG NJW 1975, 1135 ff.
[37] *Azzola/Lautner*, ZBR 1973, 125 (128 f.); *Battis*, JZ 1972, 384 (385 f.); *Isensee*, JuS 1973, 265 (269); *Kriele*, ZRP 1971, 273 (274 f.); *Martin*, Extremistenbeschluß, S. 7; *Rudolph*, DVBl. 1967, 647 (650); *Maurer*, NJW 1972, 601 (603); *Schweiger*, JZ 1974, 743 f.; BVerwG, NJW 1973, 1662 m. Anm. von *Schweiger*. Vgl. auch das abweichende Votum von *Rupp*, NJW 1975, 1650 f.
[38] BVerfGE 12, 296 ff.
[39] BVerfGE 12, 296, (305 ff.).
[40] BVerfGE 12, 296 (307).

fen, sehen sich durch das Urteil des Bundesverfassungsgerichts gehindert, eine andere Auffassung zu vertreten. Einmal verweisen sie auf die gemäß § 31 Abs. 1 BVerfGG bestehende Bindungswirkung, die es allen Gerichten und Behörden untersagt, bis zu einer Rechtsprechungsänderung des Bundesverfassungsgerichts (bzw. einer Verfassungsänderung) in dieser Rechtsfrage anders zu entscheiden[41]. Zum anderen stützen sie sich auf die vom Bundesverfassungsgericht in der gleichen Entscheidung getroffene Feststellung, daß die Verfassungswidrigkeit einer politischen Partei bis zum Parteiverbot von niemandem rechtlich geltend gemacht werden dürfe[42], was zur Folge habe, daß die Einbeziehung der parteikonnexen Betätigung eines Amtsbewerbers oder Amtsträgers in die beamtenrechtliche Beurteilung wegen der damit notwendig verbundenen Vorwegnahme der verfassungsgerichtlichen Entscheidung unterbleiben müsse[43].

b) Die extensive Interpretation der politischen Treuepflicht

Die Vertreter der Gegenmeinung[44], die die rechtliche Geltendmachung der parteikonnexen politischen Betätigung von Amtsbewerbern und Amtsträgern im Bereich des öffentlichen Dienstrechts für zulässig erachten und darin auch keinen Widerspruch zu der zur Frage der Schutzwirkung des Art. 21 Abs. 2 S. 2 GG ergangenen Rechtsprechung des Bundesverfassungsgerichts sehen, argumentieren im wesentlichen dreifach: aus verfassungshistorischer Sicht, aus der grundrechtlichen Sicht des Art. 3 GG und schließlich aus spezifisch beamtenrechtlichem Blickwinkel.

Als verfassungshistorisches Argument wird angeführt, daß das Grundgesetz im Unterschied zur Weimarer Verfassung vom Leitbild der streitbaren Demokratie geprägt sei, was in besonders anschaulicher Weise die Verfassungsvorschrift des Art. 21 Abs. 2 GG dokumentiere. Dieses verfassungsrechtliche Leitbild würde, so wird betont, in sein Gegenteil verkehrt, wenn man den zum Schutz der Verfassung normierten Art. 21 Abs. 2 GG dahin auslege, daß im Ergebnis die Verfassungsfeinde besser geschützt seien als die Verfassung[45]. „Die Prinzipien der wehrhaften

---

[41] Vgl. etwa *Schweiger*, JZ 1974, 743 (744).
[42] BVerfGE 12, 296 (304).
[43] So beispielsweise *Schweiger*, JZ 1974, 743 (744).
[44] Vgl. etwa *Arndt*, DÖV 1973, 584 (589 f.); *Böttcher*, Politische Treuepflicht, S. 86 ff.; *Borgs-Maciejewski*, Radikale im öffentlichen Dienst, S. 16 ff.; *Mühl*, GKÖD Bd. 1 Teil 1 K § 52 Rdn. 30; *Hans H. Klein*, Berufung, S. 75 ff.; *Plümer*, NJW 1973, 4 (6 ff.); *Schäfer*, BayVBl. 1973, 169 (172 f.); *Schick*, ZBR 1975, 1 (5); *Stern*, Zur Verfassungstreue der Beamten, S. 31 ff.; *Weiss*, GKÖD Bd. II J 700 Rdn. 34 ff. m. w. Nachweisen; OLG Rheinland-Pfalz, JZ 1974, 20 (23 f.); BVerwG NJW 1975, 1135 (1139 ff.); BVerfG NJW 1975, 1641 (1644 f.).
[45] Vgl. etwa *Plümer*, NJW 1973, 4 (5); *Hans H. Klein*, Berufung, S. 92 f.

Demokratie und die Idee des präventiven Verfassungs- und Staatsschutzes ... als Mittel der „Repression gegen Demokraten" zu diskreditieren", schreibt Stern in seiner Monographie „Zur Verfassungstreue der Beamten[46]", sei „mit jener Perfidie vergleichbar, die seinerzeit die Institutionen der Weimarer Verfassung aushöhlte. Art. 21 Abs. 2 GG will nicht den Schutz des öffentlichen Dienstes vor Verfassungsfeinden schwächen, sondern ihn stärken."

Im Hinblick auf den Gleichheitssatz wird gefordert, daß verfassungsfeindliches parteikonnexes Verhalten nicht anders beurteilt werden dürfe als die nicht parteibezogene verfassungsfeindliche Betätigung[47]. Dies habe nicht nur deshalb zu gelten, weil es einer „paradoxen Besserstellung"[48] der parteilich organisierten bzw. der für eine verfassungsfeindliche Partei tätigen Amtsbewerber oder Amtsträger gleichkäme, wenn der politische Einzelkämpfer, der seine verfassungsfeindlichen Ziele ohne den Rückhalt einer politischen Partei durchzusetzen versuche, beamtenrechtlich schlechter behandelt würde. Zu beachten sei auch, daß gerade von dem parteipolitisch engagierten Verfassungsfeind wegen der hinter ihm stehenden Parteiorganisation die größere Gefahr für das politische Gemeinwesen drohe als von dem parteilich nicht engagierten Verfassungsgegner[49].

Aus spezifisch beamtenrechtlicher Sicht wird schließlich auf Gesichtspunkte hingewiesen, die im Zusammenhang mit dem verfassungsrechtlichen Sonderstatus des Berufsbeamtentums stehen. Sehr häufig wird vorgebracht, das Bundesverfassungsgericht habe ja nur diejenige parteikonnexe Betätigung als verfassungsrechtlich erlaubt bezeichnet, die sich im Rahmen der für alle Bürger geltenden Gesetze vollziehe. Das Sonderrecht des öffentlichen Dienstes gehöre dazu jedoch nicht, weshalb die zur Frage der Schutzwirkung des Art. 21 Abs. 2 S. 2 GG vorhandene Rechtsprechung des Bundesverfassungsgerichts über die Anwendbarkeit der verfassungsrechtlich durch Art. 33 GG vorgezeichneten Beamtenrechtsnormen nichts aussage[50]. Im übrigen enthielten Art. 33 GG und die dazu ergangenen beamtenrechtlichen Vorschriften die allein maßgeblichen rechtlichen Kriterien, soweit staatsdienstbezogene Tätigkeiten zu beurteilen seien, während Art. 21 Abs. 2 GG als Bestandteil des Partei-

---

[46] *Stern*, Zur Verfassungstreue der Beamten, S. 36 f.
[47] *Arndt*, DÖV 1973, 584 (591); *Weiss*, GKÖD Bd. II J 700, Rdn. 41.
[48] *Arndt*, DÖV 1973, 584 (592).
[49] Vgl. *Weiss*, GKÖD Bd. II J 700, Rdn. 41.
[50] Vgl. etwa *Stern*, Verfassungstreue, S. 32, ferner *Hans H. Klein*, Berufung, S. 87 sowie den Beschluß des Bundesverfassungsgerichts vom 22. 5. 1975 (NJW 1975, S. 1641, 1644 f.). — Vgl. auch *Maurer*, NJW 1972, 601 (604), der zwischen dienstrechtlich unbedenklicher Unterstützung einer verfassungsfeindlichen, aber nicht verbotenen Partei und persönlicher verfassungsfeindlicher Aktivität eines Beamten unterscheidet, wobei es gleichgültig sei, ob diese parteibezogen sei. Gegen diese widersprüchliche Argumentation Maurers mit Recht *Arndt*, DÖV 1973, S. 592.

enrechts ausschließlich für die Beurteilung der partei-offiziellen Tätigkeit einschlägig sei[51].

Auch dürfe nicht verkannt werden, daß sich das Entscheidungsmonopol des Bundesverfassungsgerichts auf die Feststellung der Verfassungswidrigkeit beziehe, nicht aber auf die Feststellung, daß eine politische Partei nicht verfassungsfreundlich ist. Allein die letztere Feststellung sei indes beamtenrechtlich von Bedeutung, denn die beamtenrechtlich statuierte Treuepflicht sei bereits dann verletzt, wenn jemand nicht aktiv für die freiheitliche demokratische Grundordnung eintrete bzw. sich nicht offen zu ihr bekenne[52].

3. Kritische Würdigung der bisher entwickelten Auffassungen

Der kurze Überblick über den derzeitigen Meinungsstand zur Frage, welche Rolle der mit Art. 21 Abs. 2 S. 2 GG verbundenen Schutzwirkung bei der Einschätzung der Verfassungstreue von Amtsbewerbern bzw. Amtsträgern zukommt, hat deutlich werden lassen, daß der Eingrenzung dieser Schutzwirkung im Hinblick auf die verfassungsrechtliche Funktion von Art. 21 Abs. 2 GG und demzufolge dem Problem, inwieweit durch Art. 21 Abs. 2 S. 2 GG die rechtliche Geltendmachung der Verfassungswidrigkeit einer politischen Partei vor dem Spruch des Bundesverfassungsgerichts überhaupt ausgeschlossen ist, zu wenig Aufmerksamkeit gewidmet wird. Die Befürworter der Meinung, daß vor dem Parteiverbot die Verfassungswidrigkeit einer Partei generell nicht geltend gemacht werden darf, stützen sich ausschließlich auf die verfassungsgerichtliche Rechtsprechung zu Art. 21 Abs. 2 S. 2 GG, nach der die politische Unterstützung einer materiell verfassungswidrigen Partei rechtmäßig sein soll[53]. Sie beachten nicht, daß das Bundesverfassungsgericht wegen der von ihm selbst vorgenommenen Einschränkung, nur die mit allgemein erlaubten Mitteln arbeitende Tätigkeit der Parteifunktionäre und -anhänger sei rechtmäßig, nicht entschieden hat, wie ein Verstoß gegen Sondervorschriften, also gegen Vorschriften, die nicht für alle Bürger gleichermaßen gelten, verfassungsrechtlich zu bewerten ist. Mit anderen Worten: Der zitierten Rechtsprechung des Bundesverfassungsgerichts kann lediglich entnommen werden, daß es verfassungswidrig ist, wenn die vor dem Parteiverbot liegende Tätigkeit für eine Partei in allgemein geltenden Verbotsvorschriften, wie sie das Strafrecht enthält, als Voraussetzung bzw. Bedingung der Strafbarkeit normiert ist. Darüber, ob es verfassungsrechtlich zulässig ist, die Rechtmäßigkeitsfrage für das Handeln bestimmter Personen, die einem rechtli-

---
[51] *Stern*, Verfassungstreue, S. 39 f.
[52] Vgl. BVerwGE 10, 213 (216 f.); OVG Rheinland-Pfalz JZ 1974, 20 (23 f.); *Stern*, Zur Verfassungstreue der Beamten, S. 37 f.
[53] Vgl. BVerfGE 12, 296 (304 ff.); 13, 46 (52).

chen Sonderstatus unterstehen, durch Sondergesetze anders zu regeln, sagt die angeführte Rechtsprechung des Bundesverfassungsgerichts dagegen nichts aus[54]. Die Verfechter der Gegenmeinung begehen demgegenüber in aller Regel die Fehler, daß sie die von ihnen propagierte Notwendigkeit der Begrenzung der Schutzwirkung von vorneherein aus Rechtsgründen ableiten, die außerhalb des Regelungsbereichs von Art. 21 GG liegen[55]. Sie geben damit Art. 21 GG vorschnell als interpretatorischen Ausgangspunkt auf, ohne den Aussagegehalt dieser Norm in Bezug auf das aufgegebene Problem zuvor sorgfältig geprüft zu haben.

4. Eigene Problemlösung

Die Problemlösung hat von dem Befund auszugehen, den die verfassungsrechtliche Konkretisierung der mit Art. 21 Abs. 2 S. 2 GG verbundenen Schutzwirkung bisher erbracht hat. Dieser hat ergeben, daß sich verfassungsfeindliche Parteien bis zum Erlaß des Verbotsurteils im Rahmen der den politischen Parteien durch Art. 21 Abs. 1 S. 1 GG zugewiesenen Aufgabenstellung öffentlich betätigen können, ohne staatlichen Repressalien ausgesetzt zu sein[56]. Anders ausgedrückt: Verfassungsfeindliche Parteien können bis zum Erlaß des Verbotsurteils ihre spezifischen Wirkungsmöglichkeiten als organisierte politische Gruppe bei der politischen Willensbildung einsetzen, denn bis zu diesem Zeitpunkt genießen sie aufgrund von Art. 21 Abs. 2 S. 2 GG in Verbindung mit dem Rechtsstaatsprinzip eine Bestandsschutzgarantie. Damit wird deutlich, daß staatliche Repressionsmaßnahmen, die gegenüber Amtsbewerbern bzw. Amtsträgern wegen deren verfassungsfeindlicher Tätigkeit für eine nicht verbotene Partei getroffen werden, nicht notwendig aufgrund von Art. 21 Abs. 2 S. 2 GG zu unterlassen sind, denn diese Maßnahmen hindern die verfassungsfeindliche Partei sowie deren Funktionäre und Anhänger rechtlich nicht daran, die verfassungsfeindliche politische Betätigung öffentlich fortzusetzen[57]. Es wird ihnen durch der-

---

[54] Vgl. *Stern*, Verfassungstreue, S. 32. In seinem jüngsten Beschluß vom 22. 5. 1975 weist das Bundesverfassungsgericht auf diesen Gesichtspunkt mit aller Deutlichkeit hin: vgl. BVerfG NJW 1975, S. 1641, 1645.

[55] Auch im Beschluß des Bundesverfassungsgerichts vom 22. 5. 1975 wird die Eingrenzung des Art. 21 Abs. 2 GG aus der Sicht des Art. 33 Abs. 5 GG vorgenommen, nicht aber Art. 21 Abs. 2 GG unmittelbar als entscheidender Bezugspunkt für die Interpretation genutzt (vgl. BVerfG NJW 1975, S. 1641, 1645). Manche Autoren verzichten teilweise überhaupt auf eine verfassungsrechtliche Argumentation und grenzen die Schutzwirkung des Art. 21 Abs. 2 GG anhand der einschlägigen Beamtenrechtsgesetze ein: so etwa *Schäfer*, BayVBl. 1973, S. 169, 171 f. Vgl. in diesem Zusammenhang auch *Schweiger* (JZ 1974, S. 743. 746), der darauf hinweist, daß dem „Parteienprivileg" des Art. 21 Abs. 2 GG nur eine verfassungsrechtlich abgeleitete politische Treuepflicht entgegengehalten werden kann.

[56] Vgl. oben II. 1. b).

[57] Darauf weist auch *Semler*, ZBR 1971, 107 (109) hin, indem sie feststellt, daß die Partei als Faktor der politischen Willensbildung bestehen bleibt.

III. Exkurs: Zur Verfassungstreuepflicht im öff. Dienst

artige Maßnahmen lediglich verwehrt, diese Betätigung in ihrer Eigenschaft als Angehörige des öffentlichen Dienstes vorzunehmen, wobei es in ihrem Belieben steht, den öffentlichen Dienst zu verlassen und sich — jetzt nicht mehr gehindert durch beamtenrechtliche Sonderpflichten — parteipolitisch weiter zu engagieren.

Ein Verstoß gegen die mit Art. 21 Abs. 2 S. 2 GG verbundene Schutzwirkung müßte allerdings angenommen werden, wenn sich aus ihr das Gebot ergäbe, daß einer verfassungsfeindlichen Partei bis zum Verbotsurteil des Bundesverfassungsgerichts wegen ihrer materiellen Verfassungswidrigkeit keinerlei Nachteile entstehen dürfen. Daß einer Partei, deren materielle Verfassungswidrigkeit von staatlichen Stellen gegenüber Amtsbewerbern oder Amtsträgern rechtlich geltend gemacht wird, im Unterschied zu anderen Parteien erhebliche Nachteile erwachsen, ist evident[58]. Auf politische Anhänger oder gar Mitglieder aus den Reihen des öffentlichen Dienstes wird sie weitgehend verzichten müssen, denn nur selten wird es der Fall sein, daß ein Amtsbewerber bzw. Amtsträger zugunsten des Einsatzes für eine verfassungsfeindliche Partei die beruflichen Vorteile aufgibt, die ihm (vielleicht sogar ausschließlich) eine Beschäftigung im öffentlichen Dienst bietet. Darüberhinaus wird sie es auch sonst viel schwerer als andere Parteien haben, politisches Terrain dazuzugewinnen, denn der weitaus größte Teil der Öffentlichkeit wird die von staatlichen Stellen praktizierte Bewertung übernehmen und deshalb gegen die verfassungsfeindliche Partei eingestellt sein.

Trotz dieser erheblichen Wettbewerbsnachteile, die eine verfassungsfeindliche Partei wegen der rechtlichen Geltendmachung der materiellen Verfassungswidrigkeit im Bereich des öffentlichen Dienstrechts erleidet, kann nicht davon ausgegangen werden, daß Art. 21 Abs. 2 S. 2 GG verletzt ist. Es würde dem Charakter von Art. 21 Abs. 2 GG als Verfassungsschutzvorschrift widersprechen, wenn man die mit Art. 21 Abs. 2 S. 2 GG verbundene Schutzwirkung so weit auslegen wollte, daß sie die verfassungsfeindliche Partei auch vor Nachteilen aus solchen Maßnahmen schützt, deren eigentlicher Zweck nicht die Behinderung der Parteiarbeit, sondern die Aufrechterhaltung der Funktionstüchtigkeit des öffentlichen Dienstes ist. Die freiheitliche demokratische Grundordnung, als Schutzgut in Art 21 Abs. 2 GG normiert und deshalb als zentrales Auslegungskriterium dieser Vorschrift fungierend, verlangt ein Doppeltes: einmal die Garantie rechtsstaatlicher Ausschaltung der verfassungsfeindlichen Partei, wozu gehört, daß bis zum Verbot durch das Bundesverfassungsgericht die rechtliche Existenz der Partei gesichert bleiben muß und die politische Betätigung für die Partei bis zu diesem

---

[58] Dies bezweifelt ohne weitere Begründung *Scheuner*, Erfahrungen und Probleme des geltenden Beamtenrechts, S. 31.

Zeitpunkt nicht zum Anlaß strafrechtlicher Verfolgungsmaßnahmen werden darf; zum anderen die zweckorientierte Auslegung der zum Schutz der freiheitlichen demokratischen Grundordnung erlassenen Vorschrift des Art. 21 Abs. 2 GG. Solange also die Garantie rechtsstaatlicher Ausschaltung gegenüber der verfassungsfeindlichen Partei nicht verletzt wird, ist Art. 21 Abs. 2 GG und folglich auch die mit Art. 21 Abs. 2 S. 2 GG verbundene Schutzwirkung so auszulegen, daß das Angriffsobjekt „freiheitliche demokratische Grundordnung" bestmöglich geschützt bleibt. Die vorzunehmende verfassungsrechtliche Wertung ist damit vorgezeichnet: Ein Verstoß gegen die aus Art. 21 Abs. 2 S. 2 GG resultierende Schutzwirkung liegt stets dann vor, wenn der Bestand der Partei vor dem Erlaß des Verbotsurteils unmittelbar angegriffen wird bzw. wenn Parteifunktionäre oder -anhänger wegen der Betätigung für eine noch nicht verbotene Partei mit Strafverfolgungsmaßnahmen zu rechnen haben. Soweit dagegen im Interesse der Funktionsfähigkeit des öffentlichen Dienstes, die in Art. 33 GG als Verfassungswert anerkannt ist[59], die Verfassungstreue von Amtsbewerbern oder Amtsträgern überprüft wird, ergibt sich aus dem Gebot der rechtsstaatlichen Ausschaltung einer verfassungsfeindlichen Partei kein verfassungsrechtliches Hindernis, die Verfassungswidrigkeit einer politischen Partei rechtlich geltend zu machen[60]. Eine Partei, die durch derartige Maßnahmen ihre Parteifreiheit unzulässig eingeschränkt glaubt, ist also auf die Möglichkeiten nachträglichen Rechtsschutzes verwiesen[61].

---

[59] Vgl. *Stern*, Verfassungstreue, S. 33 und 37.

[60] Eine ganz andere Frage ist es freilich, ob die bloße Mitgliedschaft in einer verfassungsfeindlichen Partei ausreichend ist, um die individuelle Verfassungsfeindlichkeit eines Amtsbewerbers bzw. Amtsträgers nachzuweisen. Vgl. dazu *Maurer*, NJW 1972, 601 (605 f.) sowie *Höver*, Parteiverbot, S. 47 f. Vgl. auch BVerfG NJW 1975, 1641 (1645): Das Bundesverfassungsgericht nimmt leider zu der hier gestellten Frage nur sehr unpräzise und ausweichend Stellung, denn es führt lediglich aus, daß der Beitritt oder die Zugehörigkeit zu einer verfassungsfeindlichen Partei ein „Stück des Verhaltens" sein kann, das für die beamtenrechtliche Beurteilung von Bedeutung ist.

[61] *Semler*, ZBR 1971, 107 (111) verweist die Partei auf den Verwaltungsrechtsweg: Dies erscheint im Hinblick auf die eindeutige Kompetenzregelung des Art. 21 Abs. 2 S. 2 GG, der die rechtsverbindliche Feststellung der Verfassungswidrigkeit einer politischen Partei allein dem Bundesverfassungsgericht vorbehält, überaus bedenklich. Als Möglichkeit bietet sich jedoch an, daß die Partei unmittelbar Verfassungsbeschwerde zum Bundesverfassungsgericht erhebt, wobei sie die Verletzung ihres Grundrechts der Parteifreiheit (Chancengleichheit) geltend machen könnte und wegen Art. 21 Abs. 2 S. 2 GG nicht auf die vorherige Erschöpfung des Rechtswegs verwiesen werden dürfte. Zur Möglichkeit einer Partei, grundrechtliche Positionen im Wege der Verfassungsbeschwerde geltend zu machen, vgl. *Henke*, Das Recht der politischen Parteien, S. 280 ff. Henke weist überzeugend nach, daß das vom Bundesverfassungsgericht in verschiedenen Entscheidungen allein für zulässig erachtete Organstreitverfahren (vgl. BVerfGE 4, 27 (30); 11, 239 (241 ff.); 13, 123 (125); 20, 119 (128 f.); 20, 134 (140); 24, 300 (329)) nicht die richtige Verfahrensart ist, um Rechtsschutz wegen der Verletzung von Grundrechtspositionen zu erlangen.

Viertes Kapitel

Art. 21 Abs. 2 GG und die das Verbotsverfahren betreffenden Regelungen des Bundesverfassungsgerichtsgesetzes

Art. 21 Abs. 2 GG enthält außer der in S. 2 getroffenen Kompetenzregelung, daß über die Frage der Verfassungswidrigkeit einer politischen Partei das Bundesverfassungsgericht zu entscheiden hat, keine besonderen Richtlinien für das Illegalisierungsverfahren. Entsprechend dem umfassenden Gesetzgebungsauftrag des Art. 21 Abs. 3 GG, der die mit Art. 21 Abs. 1 und 2 GG zusammenhängenden Probleme dem Bundesgesetzgeber zur Regelung zuweist[1], ist das Illegalisierungsverfahren deshalb bundesgesetzlich geordnet (vgl. §§ 13 Nr. 2, 43-47 BVerfGG). Sinn und Zweck der nachfolgenden Ausführungen kann es jedoch nicht sein, die einzelnen, für das Illegalisierungsverfahren einschlägigen Verfahrensvorschriften wiederzugeben und zu kommentieren. Vielmehr genügt es im Rahmen der vorgegebenen Themenstellung, wenn nur diejenigen Verfahrensregelungen besprochen werden, die durch Art. 21 Abs. 2 GG vorgezeichnet sind bzw. für die Art. 21 Abs. 2 GG interpretatorisch von Bedeutung ist.

I. Die verfassungsgerichtliche Entscheidungskompetenz

Mit der Normierung der verfassungsgerichtlichen Entscheidungszuständigkeit legt Art. 21 Abs. 2 S. 2 GG, dessen Inhalt § 13 Nr. 2 BVerfGG in Kurzfassung wiederholt, die Grundvoraussetzung für das Illegalisierungsverfahren fest: Einmal wird der Exekutive und anderen staatlichen Organen die Befugnis zur Ausschaltung politischer Parteien genommen, was zur Folge hat, daß eine verfassungsfeindliche Partei bis zum Erlaß des Verbotsurteils vor solchen exekutivischen und judikativen Repressionsmaßnahmen geschützt ist, die auf die Entfernung der Partei aus dem politischen Willensbildungsprozeß abzielen[2]. Zum anderen bestimmt Art. 21 Abs. 2 S. 2 GG zugleich das anzuwendende

---
[1] Ob Art. 21 Abs. 3 GG eine ausschließliche oder konkurrierende Gesetzgebungszuständigkeit begründet, ist streitig. Vgl. *Henke*, BK, Art. 21 Rdn. 69 m. w. Nachweisen.

[2] Vgl. dazu 3. Kap. II.

Verfahrensrecht, denn mit der Statuierung der verfassungsgerichtlichen Zuständigkeit ist zum Ausdruck gebracht, daß das Illegalisierungsverfahren nach den für das verfassungsgerichtliche Verfahren geltenden Sondervorschriften abzuwickeln ist.

Die verfahrensrechtliche Regelung des Art. 21 Abs. 2 S. 2 GG ist allerdings nicht immer unumstritten gewesen. Besonders zu Beginn der 50er Jahre wurde kritisiert, das Bundesverfassungsgericht sei als Rechtsprechungsorgan überfordert, wenn es über ein „Politikon hohen Grades" wie das Verbot einer politischen Partei zu entscheiden habe[3]. Derartige, im Hinblick auf das Gewaltenteilungsprinzip vorgetragene Bedenken können jedoch nach den Erfahrungen mit den bisherigen Verbotsverfahren[4] nicht aufrechterhalten werden. Diese haben gezeigt, daß die eigentlich politische Entscheidung nicht der Erlaß des Verbotsurteils ist, sondern die Stellung des Antrages, gegen eine bestimmte politische Partei ein Verbotsverfahren durchzuführen[5]. Während nämlich das Bundesverfassungsgericht bei Vorliegen eines zulässigen Antrags über die Verfassungswidrigkeit einer politischen Partei entscheiden muß, also einer Entscheidung nicht ausweichen kann, liegt es, wie anschließend darzustellen sein wird, im politischen Ermessen der nach § 43 BVerfGG antragsberechtigten Organe, ob sie den Verbotsantrag beim Bundesverfassungsgericht stellen und damit die Schleuse öffnen, die prozessual die Durchführung des Illegalisierungsverfahrens blockiert.

II. Die Einleitung des Verbotsverfahrens

Gemäß § 43 Abs. 1 BVerfGG können der Bundestag, der Bundesrat sowie die Bundesregierung beim Bundesverfassungsgericht beantragen, über die Frage der Verfassungswidrigkeit einer politischen Partei zu entscheiden. Soweit die Organisation einer Partei auf das Gebiet eines einzelnen Bundeslandes beschränkt ist, kann außerdem die Regierung dieses Landes die Durchführung des Verbotsverfahrens beim Bundesverfassungsgericht beantragen (§ 43 Abs. 2 BVerfGG). Hinter dieser klaren Zuständigkeitsregelung verbirgt sich indes die eigentliche Problematik des Antragsrechts, nämlich die Frage, ob die Antragstellung als politische Ermessensentscheidung zu werten ist sowie gegebenenfalls die weitere Frage nach den Grenzen des anzunehmenden politischen Ermessens.

---

[3] So *Schneider*, NJW 1953, 802. Vgl. auch *Scheuner*, DVBl. 1952, 293 (297), der das Parteiverbot als seiner Natur nach exekutive Maßnahme bezeichnet hat.

[4] Das Bundesverfassungsgericht sieht in der Zuständigkeitsregelung des Art. 21 Abs. 2 S. 2 GG keinen Verstoß gegen das Gewaltenteilungsprinzip: vgl. BVerfGE 5, 85 (391 f.).

[5] Vgl. *Maurer*, AöR 96, 203 (227).

II. Die Einleitung des Verbotsverfahrens

1. Sind die antragsberechtigten Organe generell zur Antragstellung verpflichtet?

Weder Art. 21 Abs. 2 GG noch § 43 BVerfGG ist zu entnehmen, ob die antragsberechtigten Organe verpflichtet sind, gegen eine verfassungsfeindliche Partei die Durchführung des Verbotsverfahrens zu beantragen. In Art. 21 Abs. 2 S. 1 GG ist zwar bestimmt, daß verfassungsfeindliche Parteien verfassungswidrig „sind", doch kann Art. 21 Abs. 2 S. 1 GG als materiell-rechtliche Vorschrift keine Verpflichtung zur Vornahme einer verfahrensrechtlichen Handlung begründen. Aber auch die prozessuale Vorschrift des § 43 BVerfGG führt zu keinem anderen rechtlichen Ergebnis, denn das in ihr verwendete Wort „kann" spricht keinesfalls dafür, daß eine Verpflichtung zur Antragstellung besteht. Allerdings schließt es eine solche Verpflichtung auch nicht aus, da die Wortfassung des § 43 BVerfGG offenläßt, ob lediglich eine Zuständigkeitsregelung vorliegt oder ob darüber hinaus durch das Wort „kann" zum Ausdruck gebracht werden soll, daß die Entscheidung über die Antragstellung eine Ermessensfrage ist[6].

Die Lösung des Problems muß deshalb entsprechend dem normativen Zweck des Art. 21 Abs. 2 GG entwickelt werden. Anzuknüpfen ist, wie dies bereits mehrmals bei der Lösung interpretatorischer Probleme des Art. 21 Abs. 2 GG geschehen ist, an die präventive Regelungsfunktion dieser Verfassungsschutzvorschrift. Diese setzt voraus, daß mit der Durchführung des Verbotsverfahrens und dem sich anschließenden Verbotsurteil Gefahren begegnet wird, die den in Art. 21 Abs. 2 GG geschützten Rechtsgütern durch die verfassungsfeindliche politische Betätigung einer Partei drohen. Schafft also die Existenz einer verfassungsfeindlichen Partei für die geschützten Rechtsgüter keine Gefahrenlage, weil ihre systemkonforme Abwehr gesichert ist, so fehlen die Voraussetzungen für eine sinnvolle Funktionserfüllung des Art. 21 Abs. 2 GG. Da nun aber davon auszugehen ist, daß Art. 21 Abs. 2 GG nicht dazu zwingt, funktionswidrig in den demokratischen Willensbildungsprozeß einzugreifen, ergibt sich, daß die antragsberechtigten Organe die Möglichkeit haben müssen, trotz der evidenten Verfassungsfeindlichkeit einer Partei von der Stellung des Verbotsantrags abzusehen. Eine allgemeine verfassungsrechtliche Verpflichtung, gegen verfassungsfeindliche Parteien die Durchführung eines Verbotsverfahrens zu beantragen, ist also zu verneinen. Die Entscheidung, ob beim Bundesverfassungsgericht gegen eine verfassungsfeindliche Partei der Verbotsantrag gestellt werden soll, ist demnach kein bloßer Einleitungsakt für ein rechtlich zwingend durchzuführendes Verbotsverfahren, sondern eine echte politische Ermessensentscheidung[7].

---

[6] Vgl. auch *Maurer*, AöR 96, 203 (225 FN 71).

4. Kap.: Das Verbotsverfahren

2. Die Grenzen des politischen Ermessensspielraums bei der Stellung des Verbotsantrags

Zwar haben die antragsberechtigten Organe bei ihrer Entscheidung über die Stellung des Verbotsantrags entsprechend der Rechtsnatur dieser Entscheidung einen sehr weiten Ermessensspielraum, doch dürfen sie, wie dies bei Ermessensentscheidungen stets der Fall ist, den vorgegebenen Ermessensspielraum auch nicht überschreiten. Es gilt also die äußersten Grenzen des den antragsberechtigten Organen zustehenden Ermessens abzustecken, damit die Bandbreite ermessensfehlerfreier Entscheidungen erkennbar wird. Dabei ist zweierlei zu unterscheiden: erstens die Frage, unter welchen Voraussetzungen eventuell eine Pflicht zur Antragstellung besteht und zweitens das Problem, ob das Antragsrecht mißbräuchlich ausgeübt werden kann mit der Folge, daß das Bundesverfassungsgericht den Verbotsantrag bereits im Vorverfahren durch Beschluß als unzulässig zurückweisen kann(vgl. § 45 BVerfGG).

a) Verfassungsrechtliche Verpflichtung zur Antragstellung?

Eine verfassungsrechtliche Verpflichtung zur Antragstellung ist nur begründbar, wenn die Durchführung des Verbotsverfahrens aus Gründen eines effektiven Verfassungsschutzes unumgänglich erscheint. Diese Situation ist dann gegeben, wenn die verfassungsfeindliche Partei objektiv erkennbar zu einer konkreten Gefahr für das politische Gemeinwesen geworden ist und wenn nach Abwägung aller Gesichtspunkte die schnelle Einleitung eines Verbotsverfahrens als einzige Möglichkeit übrig bleibt, um die entstandene Gefahr noch erfolgreich abzuwehren[8]. In diesem Fall muß davon ausgegangen werden, daß der weite politische Ermessensspielraum der antragsberechtigten Organe auf Null zusammengeschrumpft ist und demzufolge aus dem für alle staatlichen Organe geltenden Gebot, den Bestand und die Verfassung des Staates zu schützen, eine Rechtspflicht zur Antragstellung herzuleiten ist[9].

---

[7] So die h. M.: BVerfGE 5, 85 (113, 129 f.); *Geiger*, Kommentar, § 43 Anm. 1; *Lechner*, Kommentar, S. 260 f.; *Brunner*, Verfassungsrechtliche Behandlung extremistischer Parteien, S. 129; *Maurer*, AöR 96, 203 (224 ff.). A. A.: *Seifert*, DÖV 61, 81 (85); *Hamann/Lenz*, Kommentar, Art. 21 Anm. 9 (S. 364).

[8] Allerdings sei in diesem Zusammenhang daran erinnert, daß das Parteiverbot bzw. die Einleitung eines Verbotsverfahrens nur in wenigen Ausnahmefällen eine sinnvolle und wirksame Verfassungsschutzmaßnahme darstellt (vgl. 1. Kap. IV. 1. b). Eine Rechtspflicht zur Antragstellung kann demgemäß auch nur in Extremsituationen angenommen werden.

[9] Es besteht jedoch keine Möglichkeit, die antragsberechtigten Organe durch eine Klage beim Bundesverfassungsgericht zur Antragstellung zu zwingen, da es für eine entsprechende Klage (Organstreitverfahren, Verfassungsbeschwerde) am Rechtsschutzbedürfnis fehlen würde. Es bleiben also zur Durchsetzung der Rechtspflicht, den Verbotsantrag gegen eine gefährliche verfas-

II. Die Einleitung des Verbotsverfahrens

b) *Die mißbräuchliche Ausübung des Antragsrechts*

Da die konkrete Gefährlichkeit einer verfassungsfeindlichen Partei nicht tatbestandliches Kriterium für deren Verfassungswidrigkeit ist, bleibt zu untersuchen, inwieweit dieser Umstand vom Bundesverfassungsgericht im Rahmen der Zulässigkeitsprüfung eines vorliegenden Verbotsantrags einbezogen werden kann(vgl. § 45 BVerfGG)[10]. Auszugehen ist wiederum von der Funktion des Art. 21 Abs. 2 GG, Gefahren abzuwehren, die der freiheitlichen demokratischen Grundordnung oder dem Bestand der Bundesrepublik durch die verfassungsfeindliche Betätigung einer Partei drohen sowie der Feststellung, daß die Entscheidung, gegen eine bestimmte politische Partei den Verbotsantrag zu stellen, verfassungsrechtlich als eine an der Funktion von Art. 21 Abs. 2 GG auszurichtende politische Ermessensentscheidung zu werten ist. Dieser Hintergrund zeigt, daß die Stellung des Verbotsantrags nicht schon dann als funktionswidrig und dementsprechend als mißbräuchlich bezeichnet werden darf, wenn sich der Verbotsantrag gegen eine relativ kleine verfassungsfeindliche Partei richtet. Auch kleine Parteien können nämlich, falls sie in der Öffentlichkeit geschickt operieren und ihr politischer Einsatz durch labile politische und ökonomische Verhältnisse begünstigt wird, bereits in einem Stadium gefährlich werden, in dem ihre systemkonforme Ausschaltung durch Wahlen scheinbar noch gesichert ist[11]. Ein Mißbrauch des Antragsrechts liegt deshalb nur in den wenigen Ausnahmefällen vor, in denen die Möglichkeit systemkonformer Ausschaltung mit an Sicherheit grenzender Wahrscheinlichkeit gewährleistet ist und folglich die weitere politische Entwicklung der Partei gefahrlos abgewartet werden kann. Demgemäß ist ein Verbotsantrag eines

---

sungsfeindliche Partei zu stellen, nur die Mittel der allgemeinen politischen Einflußnahme und letztlich in ganz besonderen Ausnahmefällen die Ausübung des Widerstandsrechts gemäß Art. 20 Abs. 4 GG. Vgl. dazu *Maurer*, AöR 96, 203 (226 FN 74) sowie *Isensee*, Widerstandsrecht, S. 34 ff.

[10] Daß die Frage der Gefährlichkeit einer Partei nur bezüglich der Zulässigkeit des Verbotsantrags geprüft werden kann, da es an einem materiellen Tatbestandsmerkmal der Gefährlichkeit fehlt, betont auch *Starck*, Politische Parteien, S. 71. — Bedenklich insofern BVerfGE 38, 23 (24 f.), wo im Rahmen eines Verwirkungsverfahrens nach Art. 18 GG der Umstand der Gefährlichkeit im Zusammenhang mit der Begründetheit des Antrags untersucht wird. *Maurer*, AöR 96, 203 (226 FN 74) nimmt zu diesem Problem nicht ausdrücklich Stellung, sondern verlangt nur allgemein die Zurückweisung des Antrags, falls ein Ermessensverstoß der antragsberechtigten Organe feststellbar ist. Gegen eine Prüfung der Gefährlichkeit einer Partei im Rahmen der Zulässigkeit des Antrags spricht sich ohne weitere Begründung allerdings *Höver*, Parteiverbot, S. 141 aus.

[11] In diesem Zusammenhang sei nur daran erinnert, daß die NSDAP bereits vier Jahre nach der Reichstagswahl vom 20. 5. 1928, bei der sie lediglich 2,6 % der Stimmen auf sich vereinigte, mit 37,4 % Stimmenanteil als stärkste Partei aus den Reichstagswahlen vom 31. 7. 1932 hervorging (vgl. *Jasper*, Von Weimar zu Hitler, Anhang, S. 499).

antragsberechtigten Organs vom Bundesverfassungsgericht nur dann als unzulässig zurückzuweisen, wenn der Einfluß der verfassungsfeindlichen Partei auf den politischen Willensbildungsprozeß des Volkes offensichtlich so gering ist, daß die Fortsetzung der von ihr ausgehenden verfassungsfeindlichen Aktivität für absehbare Zeit aller Wahrscheinlichkeit nach keine Gefahr für die in Art. 21 Abs. 2 GG normierten Schutzgüter darstellt.

Fünftes Kapitel

Die Rechtsfolgen der Feststellung der Verfassungswidrigkeit

Die Feststellung des Bundesverfassungsgerichts, daß eine politische Partei gemäß Art. 21 Abs. 2 S. 1 GG verfassungswidrig ist, zieht eine Reihe obligatorischer bzw. fakultativer Rechtsfolgen nach sich, die überwiegend in einfachen Bundesgesetzen geregelt sind. Im einzelnen handelt es sich um folgende rechtliche Konsequenzen: die Auflösung der Partei (§ 46 Abs. 3 BVerfGG), das Verbot der Bildung von Ersatzorganisationen (§§ 33 Abs. 1 ParteienG, 46 Abs. 3 BVerfGG[1]), die Einziehung des Parteivermögens (§ 46 Abs. 3 BVerfGG), den Mandatsverlust (§ 49 Abs. 1 BWahlG) sowie bestimmte Strafrechtsfolgen (§§ 84 bis 86 a StGB). Darüber hinaus sind außerdem diejenigen rechtlichen Auswirkungen zu beachten, die sich mittelbar für die sogenannten selbständigen Nebenorganisationen der für verfassungswidrig erklärten Partei ergeben[2].

Einer detaillierten Gesamtdarstellung aller dieser Rechtsfolgen bedarf es angesichts der auf die verfassungsrechtlichen Grundlagen des Parteiverbots beschränkten Thematik der Arbeit jedoch nicht. Im Hinblick auf die vorgegebene verfassungsrechtliche Fragestellung werden deshalb nur diejenigen Rechtsfolgeregelungen herausgegriffen und untersucht, die aus der Sicht des Art. 21 GG zu einer verfassungsrechtlichen Problemerörterung veranlassen.

I. Die Auflösung der für verfassungswidrig erklärten Partei (§ 46 Abs. 3 S. 1 BVerfGG)

1. Die an der Regelung des § 46 Abs. 3 S. 1 BVerfGG geäußerte Kritik

Gemäß § 46 Abs. 3 S. 1 BVerfGG hat das Bundesverfassungsgericht im Fall der Feststellung der Verfassungswidrigkeit einer Partei deren

---

[1] Nach Erlaß des Parteiengesetzes vom 24. 7. 1967 (BGBl. I 773) ist § 46 Abs. 3 BVerfGG insoweit überholt, denn § 33 Abs. 1 ParteienG enthält das gesetzliche Verbot der Bildung von Ersatzorganisationen, so daß es einer besonderen Anordnung des Bundesverfassungsgerichts an sich nicht mehr bedarf.

[2] Vgl. *Seifert*, DÖV 1961, 81 (87).

Auflösung anzuordnen. Gegen diese bundesgesetzlich zwingend vorgeschriebene Rechtsfolge ist von einigen Autoren mehr oder minder scharfe Kritik vorgebracht worden. Die folgenden Argumente stehen im Vordergrund:

Erstens wird ausgeführt, Art. 21 Abs. 2 GG verlange zur Verwirklichung seiner Funktionsbestimmung nicht die rechtliche Liquidation der verfassungswidrigen Partei, sondern nur die Immunisierung des demokratischen Willensbildungsprozesses gegenüber dem politischen Einfluß, der von der Betätigung der verfassungsfeindlichen Partei ausgehe[3]. Dies aber werde schon dadurch erreicht, daß man einer für verfassungswidrig erklärten Partei die Teilnahme an allgemeinen Wahlen untersage[4]. Die Wahl stelle nämlich die entscheidende Phase des demokratischen Prozesses dar, was zur Folge habe, daß eine von der Wahl ausgeschlossene Partei in der parlamentarischen Demokratie politisch zur Bedeutungslosigkeit verurteilt sei. § 46 Abs. 3 S. 1 BVerfGG müsse deshalb als unverhältnismäßig scharfe und verfassungsrechtlich bedenkliche Sanktion aufgefaßt werden.

Als zweites Argument wird gegen § 46 Abs. 3 S. 1 BVerfGG vorgebracht, einer politischen Partei müsse nach der Feststellung der Verfassungswidrigkeit die Möglichkeit verbleiben, ihre Rehabilitierung zu betreiben[5]. Ebenso wie eine zunächst verfassungsmäßige Partei zur verfassungswidrigen Partei werden könne, sei es nämlich vorstellbar, daß sich eine verfassungswidrige Partei — vielleicht gerade unter dem Einfluß des verfassungsgerichtlichen Urteils — wieder zur verfassungsmäßigen Partei regeneriere. Diesem möglichen Regenerationsprozeß dürfe sich die Rechtsordnung nicht dadurch entgegenstellen, daß sie die rechtliche Existenz der Partei auslösche.

Schließlich wird gegen § 46 Abs. 3 S. 1 BVerfGG eingewandt, die Auflösung einer verfassungsfeindlichen Partei bewirke lediglich, daß deren Mitglieder und Anhänger gezwungen seien, in den politischen Untergrund abzuwandern[6]. Hinter diesem Einwand verbirgt sich als verfas-

---

[3] Vgl. zu diesem Gesichtspunkt vor allem *Bernstein/Zweigert*, Rehabilitierung, S. 12 ff., die allerdings nicht ganz klar zum Ausdruck bringen, ob sie die Regelung des § 46 Abs. 3 S. 1 BVerfGG für verfassungswidrig halten (auf S. 15 ist von einem „verfassungswidrigen Zustand" die Rede, während auf S. 17 dann wieder die Möglichkeit verfassungskonformer Interpretation anerkannt wird). Vgl. auch *Maurer*, AöR 96, 203 (222 ff.): die Ausführungen Maurers sind allerdings insoweit unverständlich, als sie verfassungsrechtliche Bedenken gegen das Parteiverbot erkennen lassen (S. 223), auf der anderen Seite aber die Auflösung der Partei als „gesetzlich zwingende Folge der Verfassungswidrigkeitserklärung" hinstellen (S. 222 f.).

[4] Der Ausschluß von der Wahl ist in einigen Landesverfassungen als Folge der Verfassungswidrigkeit von Vereinigungen (Parteien) vorgesehen: vgl. Art. 15 BayVerf.; Art. 133 Abs. 2 Rh.-Pf. Verf.; Art. 32 Nordrh.-Westf. Verf.

[5] Vgl. dazu *Bernstein/Zweigert*, Rehabilitierung, S. 16.

[6] *Bernstein/Zweigert*, ebd.

sungsrechtliche Kritik die Aussage, der durch Art. 21 Abs. 2 GG intendierte Verfassungsschutz werde durch die Vernichtung der rechtlichen Existenz der verfassungsfeindlichen Partei eher verschlechtert als verbessert, da die Kontrolle offizieller verfassungsfeindlicher Betätigung einfacher sei als die Bekämpfung politischer Untergrundarbeit.

2. Eigene Stellungnahme

Die an der Vorschrift des § 46 Abs. 3 S. 1 BVerfGG geübte Kritik stößt im wesentlichen ins Leere[7]. Soweit die Unverhältnismäßigkeit der nach § 46 Abs. 3 S. 1 BVerfGG anzuordnenden Sanktion behauptet wird und stattdessen der Ausschluß der verfassungsfeindlichen Partei von den allgemeinen Wahlen als wirksamere Verfassungsschutzmaßnahme empfohlen wird, erweist sich die geäußerte Kritik angesichts des eindeutigen funktionalen Zuordnungsverhältnisses von Art. 21 Abs. 1 S. 1 und Abs. 2 GG als nicht haltbar.

Sinn und Zweck der in Art. 21 Abs. 1 S. 1 und Abs. 2 GG getroffenen Regelungen ist es, die Rolle der politischen Parteien im demokratischen Willensbildungsprozeß verfassungsrechtlich zu definieren. Einmal wird durch die Inkorporation der Parteien in das Verfassungsgefüge sowie die Regelung ihres Aufgabenbereiches (Art. 21 Abs. 1 S. 1 GG) festgelegt, daß die Steuerung des politischen Willensbildungsprozesses die Hauptfunktion der Parteien darstellt. Im Unterschied zu den sonstigen Vereinigungen ergibt sich deshalb für sie die essentielle Verpflichtung, an den regelmäßig stattfindenden Wahlen mit eigenen Wahlvorschlägen etc. teilzunehmen. Kommen sie dieser Verpflichtung nicht nach, so verlieren sie, wie dies in § 2 Abs. 2 ParteienG auch bestimmt ist, folgerichtig den Status einer politischen Partei. Demgegenüber steckt Art. 21 Abs. 2 GG generell den Rahmen ab, den eine politische Partei bei der Wahrnehmung ihres Willensbildungsauftrages nicht überschreiten darf. Tut sie dies dennoch, so verwirkt sie ihre Rechte aus Art. 21 Abs. 1 S. 1 GG und damit insbesondere auch das Recht der Teilnahme an politischen Wahlen. Da aber dieses Recht wie soeben gezeigt wurde, für die politische Partei statusbegründend ist, erlischt notwendig zugleich die rechtliche Existenz der Partei. Die in § 46 Abs. 3 S. 1 BVerfGG enthaltene Rechtsfolge stimmt deshalb insoweit mit der verfassungsrechtlichen Normierung des Art. 21 Abs. 1 S. 1 und Abs. 2 GG überein[8].

---

[7] Vgl. zur Gesamtproblematik die ausführliche Erwiderung, die *Henke*, JZ 1973, S. 293 ff. der Schrift von Bernstein/Zwiegert (Rehabilitierung) hat nachfolgen lassen.

[8] Vgl. auch BVerfGE 5, 85 (391 f.). Das Gericht stellt wörtlich fest, daß „die Auflösung der Partei keine selbständige Exekutivmaßnahme (ist), sondern eine normale, typische und adäquate Folge der Feststellung der Verfassungswidrigkeit". Angesichts der umfassend zu verstehenden Kompetenznorm des

Aber auch die Forderung, einer für verfassungswidrig erklärten politischen Partei müsse die Chance der Rehabilitierung erhalten bleiben, führt zu keiner anderen Beurteilung von § 46 Abs. 3 S. 1 BVerfGG. Anders als natürliche Personen, deren physische und rechtliche Existenz Voraussetzung für die Rehabilitierung ist, sind politische Parteien nicht auf den Fortbestand ihrer rechtlichen Existenz angewiesen, um sich zu „rehabilitieren"[9]. Sollte sich nämlich — was nicht eben häufig der Fall sein wird[10] — unter den Anhängern der für verfassungswidrig erklärten und aufgelösten Partei der Wille durchsetzen, die verfassungsfeindlichen Ziele aufzugeben, so steht es ihnen jederzeit frei, sich erneut zu formieren und eine neue politische Partei zu gründen. Das Recht dazu gibt ihnen die in Art. 21 Abs. 1 S. 2 GG gewährleistete Parteigründungsfreiheit[11].

Was schließlich den Einwand betrifft, die Auflösung der verfassungsfeindlichen Partei erschwere den durch Art. 21 Abs. 2 GG intendierten Verfassungsschutz, da die Anhänger und Mitglieder der verbotenen Partei ihre verfassungsfeindlichen Aktionen zwangsläufig in den politischen Untergrund verlagern würden, so kann dahinstehen, ob dieser Einwand zutrifft[12]. Jedenfalls ist offensichtlich, daß der Gesetzgeber, indem er die Sanktion der Existenzvernichtung als wirksame Verfassungsschutzmaßnahme erachtete, die Grenzen eines an der Verfassungsschutzfunktion des Art. 21 Abs. 2 GG auszurichtenden Ermessens nicht überschritten hat. Die Verfassungsmäßigkeit der Regelung des § 46 Abs. 3 S. 1 GG kann deshalb auch unter diesem Gesichtspunkt nicht angezweifelt werden[13].

Art. 21 Abs. 2 S. 2 GG wäre es im übrigen auch falsch anzunehmen, daß die adäquate Sanktion nur die Rückstufung der Partei zu einer politischen Vereinigung sei, wobei dann das zuständige Exekutivorgan über die Auflösung zu entscheiden hätte.

[9] So auch *Henke*, JZ 1973, S. 293 (297); *ders.*, Parteienrecht, S. 261 f.
[10] Dies konzedieren auch *Bernstein/Zweigert*, Rehabilitierung, S. 16.
[11] Vgl. *Henke*, JZ 1973, S. 293 (298); *ders.*, Parteienrecht, S. 262. Die Gründe, die gegen die Notwendigkeit der Rehabilitierung einer aufgelösten politischen Partei sprechen, beweisen auch, daß die in Bezug auf die verbotene KPD zeitweise diskutierte Frage der Wiederzulassung juristisch unergiebig ist. Vgl. dazu im einzelnen *Henke*, Parteienrecht, S. 260 ff. m. weiterführenden Nachweisen.
[12] Da die führenden Köpfe der Parteiorganisation den Behörden bekannt sind und davon ausgegangen werden kann, daß eine verfassungsfeindliche Partei ihre eigentlichen politischen Ziele stets kaschiert, erscheint es zumindest zweifelhaft, ob sich die Situation für den Verfassungsschutz durch die Parteiauflösung verschlechtert.
[13] Nachdem sich ergeben hat, daß verfassungsrechtliche Bedenken gegen die Sanktion des Parteiverbots und die Auflösung der Partei nicht bestehen, steht fest, daß das Verbot der Bildung von Ersatzorganisationen (§§ 33 Abs. 1 ParteienG, 46 Abs. 3 BVerfGG), das ja lediglich die Maßnahme des Parteiverbots absichert, verfassungsrechtlich ebenfalls unangreifbar ist. Es erübrigt sich deshalb, diese gesetzliche Verbotsanordnung hier gesondert darzustellen (vgl. insofern *Höver*, Parteiverbot, S. 67 ff.).

II. Die Einziehung des Parteivermögens

Das Bundesverfassungsgericht kann gemäß § 46 Abs. 3 S. 2 BVerfGG die Einziehung des Parteivermögens anordnen. Zwar ist behauptet worden, dieser fakultativ vorgesehene Eingriff sei eher als Sühnemaßnahme denn als Verfassungsschutzbeitrag zu qualifizieren[14], doch ist das Bundesverfassungsgericht dieser Auffassung im KPD-Urteil mit guten Gründen entgegengetreten[15]. Es hat ausgeführt, daß die Maßnahme der Vermögenseinziehung nur in den Fällen in Frage komme, in denen die vermögensrechtliche Auseinandersetzung der verbotenen Partei als Vorwand für die Aufrechterhaltung des organisatorischen Zusammenhalts dienen kann. Soweit dieser Vorwand ausscheidet, da die vermögensrechtliche Liquidation in kürzester Zeit möglich erscheint, unterbleibt also die Anordnung der Vermögenseinziehung. Damit ist klar gestellt, daß durch die fakultative Ausgestaltung dieser Rechtsfolge der präventiven Verfassungsschutzvorschrift des Art. 21 Abs. 2 GG entsprochen wurde, so daß § 46 Abs. 3 S. 2 BVerfGG verfassungsrechtlich nicht zu beanstanden ist.

III. Der Mandatsverlust

Daß das Verbotsurteil die Rechtsfolge des Mandatsverlustes für diejenigen Abgeordneten des Bundestages und der Landtage nach sich zieht, die einer verbotenen Partei angehören, hat das Bundesverfassungsgericht erstmals im SRP-Urteil ausgesprochen[16]. Gegen diese Rechtsauffassung des Bundesverfassungsgerichts sind im Hinblick auf Art. 38 GG und die dort verbürgte Unabhängigkeit der Abgeordneten schwerwiegende Bedenken erhoben worden[17]. Der überwiegende Teil dieser Bedenken bezog sich darauf, daß sich das Bundesverfassungsgericht entgegen der damals ganz herrschenden Meinung[18] über die verfassungsrechtliche Aussage des Art. 38 Abs. 1 S. 2 GG hinwegsetzte und die Aberkennung der Abgeordnetenmandate als zwingende Rechtsfolge des Art. 21 Abs. 2 GG bezeichnete, obwohl dieser Schluß angesichts des zwischen Art. 21 und Art. 38 GG bestehenden Spannungsver-

---

[14] Vgl. *Leibholz/Rupprecht*, Kommentar, § 46 Anm. 6; *Lechner*, Kommentar, S. 267.
[15] Vgl. BVerfGE 5, 85 (392 f.).
[16] BVerfGE 2, 1 (73 ff.).
[17] Vgl. *Maunz*, Kommentar, Art. 38 Rdn. 27 f.; *Abendroth*, ZfP Bd. III (1956), S. 305 (318 ff.); *Friesenhahn*, VVDStRL H. 16, S. 9 ff. (22 f.); *Höver*, Parteiverbot, S. 80 ff.; *Müller*, Das imperative und freie Mandat, S. 221 ff.; *Seifert*, DÖV 1956, 1 (7).
[18] Vgl. die Beratungen zum Bundesverfassungsgerichtsgesetz, Berichterstatter Abg. Neumayer in der 112. Sitzg. des BT, Sten.Ber. S. 4230; *Geiger*, Kommentar, § 46 Anm. 7 m. w. Nachweisen.

hältnisses gerade nicht als zwingend erachtet werden konnte[19]. So berechtigt die an Art. 38 Abs. 1 S. 2 GG orientierte verfassungsrechtliche Kritik der vom Bundesverfassungsgericht zum Mandatsverlust entwikkelten Rechtsauffassung auch gewesen ist, so wenig überzeugt es indes, wenn die inzwischen längst vorliegende gesetzliche Regelung des Mandatsverlustes[20] ebenfalls aus der Richtung des Art. 38 Abs. 1 S. 2 GG angegriffen wird[21]. Im Unterschied zum Bundesverfassungsgericht, das eine so einschneidende Maßnahme wie den Mandatsverlust ohne gesetzliche Ermächtigung nicht anordnen durfte, da es hierfür — wegen Art. 38 Abs. 1 S. 2 GG — an einem legitimierenden Verfassungsbefehl mangelte, war der Gesetzgeber durch Art. 38 Abs. 1 S. 2 GG nicht gehindert, den Mandatsverlust als Rechtsfolge der Feststellung der Verfassungswidrigkeit einer Partei einzuführen. Art. 38 Abs. 1 S. 2 GG steht einer solchen Regelung nämlich nur dann im Wege, wenn man die Ansicht vertritt, das in dieser Verfassungsnorm niedergelegte Prinzip des freien Mandats sei keinerlei Einschränkungen zugänglich. Eine derartige Auffassung ist jedoch nicht haltbar, denn Art. 38 Abs. 1 S. 2 GG kann schon wegen der in Art. 21 GG angelegten parteienstaatlichen Ausrichtung nicht so ausgelegt werden, als ob er das freie Mandat unter Außerachtlassung der spezifischen Erfordernisse des demokratischen Parteienstaates verabsolutierte. Vielmehr verhält es sich so, daß das Grundgesetz durch die Gegenüberstellung von Art. 21 und Art. 38 zu erkennen gibt, daß es nicht ein der überkommenen Idee liberaler Nationalrepräsentation verpflichtetes freies Mandat schaffen wollte, sondern ein Mandat, das in den verfassungsrechtlichen Funktionsrahmen der parteienstaatlichen, parlamentarischen Repräsentation eingepaßt ist[22]. Demnach ist festzustellen, daß das Prinzip des freien Mandats dem einzelnen Abgeordneten einen eigenen verfassungsrechtlichen Status garantiert, der prinzipiell das Recht auf den Bestand des Mandats einschließt[23]. Soweit aber der Fortbestand des Mandats zur Gefahr für die demokratische und parlamentarische Ordnung insgesamt werden kann, weil der organisatorische Zusammenhalt einer für verfassungswidrig erklärten Partei durch die weitere parlamentarische Betätigung ihrer Exponenten begünstigt wird[24], kann der Gesetzgeber dem Verfassungs-

---

[19] Vgl. *Klein*, Kommentar, § 46 Rdn. 35; *Maunz*, Kommentar, Art. 38 Rdn. 27.
[20] Vgl. § 49 Abs. 1 BWahlG, Art. 66 Abs. 1 Bay. LandeswahlG sowie die entsprechenden Bestimmungen in den meisten Wahlgesetzen der übrigen Länder.
[21] *Hesse*, Grundzüge, S. 239 f.; *Höver*, Parteiverbot, S. 80 ff. Bedenken gegenüber der gesetzlichen Regelung des Mandatsverlustes läßt auch *Seifert*, DÖV 1961, 81 (86) erkennen.
[22] Vgl. dazu *Badura*, BK, Art. 38 Rdn. 48 ff. passim.
[23] *Badura*, BK, Art. 38 Rdn. 61.
[24] Daß es nicht darauf ankommt, mit dem Mittel des Parteiverbots und damit auch des Mandatsverlustes politische Ideen aus dem Willensbildungs-

schutzgedanken des Art. 21 Abs. 2 GG den Vorrang einräumen[25]. Die verfassungsrechtliche Zulässigkeit der gesetzlichen Aberkennung der Mandate als Folge der Mitgliedschaft in einer für verfassungswidrig erklärten Partei ist deshalb zu bejahen.

---

prozeß auszuscheiden (so aber noch BVerfGE 2, 1), sondern darauf, die politische Organisation der Partei zu zerschlagen, ist inzwischen anerkannt: vgl. BVerfGE 25, 44 (58); 25, 79 (86); 25, 88 (100); *Badura*, BK, Art. 38 Rdn. 82.

[25] Dies gilt auch für den Fall, daß der Landesgesetzgeber als Rechtsfolge der Mitgliedschaft in einer verbotenen Partei den Verlust von Gemeinderatsmandaten vorsieht, weil er die Rolle der Parteien, die diese auch auf kommunaler Ebene bei der Aufstellung der Wahlvorschläge spielen, entsprechend bedeutend einschätzt. Vgl. als Beispiel einer derartigen gesetzlichen Regelung Art. 35 a des Bayerischen Gemeindewahlgesetzes, dessen Verfassungsmäßigkeit der Bay. VerfGH in seiner Entscheidung vom 31. 10. 1958 — abgedruckt in Bay VGH 74 (n. F. 11), S. 164 (178 ff.) — festgestellt hat. Vom Bundesverfassungsgericht war diese Frage im SRP-Urteil allerdings ausdrücklich offen gelassen worden (BVerfGE 2, 1 [76]).

Ergebnisse der Arbeit in Thesen

I. Art. 21 Abs. 2 GG ist als Reaktion des Verfassungsgebers auf diejenigen Strukturschwächen der Weimarer Verfassung zu verstehen, die mitursächlich für das Scheitern der ersten deutschen Republik waren. Ohne die Weimarer Verfassung in die Rolle des Hauptschuldigen an der Machtergreifung des nationalsozialistischen Regimes drängen zu wollen, läßt sich sagen, daß folgende Strukturschwächen die verhängnisvolle politische Entwicklung der Jahre 1929 bis 1933 beschleunigen halfen: Erstens der Versuch, im System der Weimarer Verfassung Präsidial- und Parlamentsdemokratie gleichermaßen zu verwirklichen, wobei wegen der zu großen Machtfülle des Reichspräsidenten die Parlamentsdemokratie insbesondere in Zeiten politischer und wirtschaftlicher Not nur beschränkt funktionsfähig bleiben konnte mit der Folge, daß die parlamentsfeindlichen Parteien der extremen Rechten und Linken auch aus diesem Grunde günstige Prosperitätsbedingungen vorfanden. Zweitens die altliberale Verfassungskonzeption von Weimar, die dadurch gekennzeichnet ist, daß im Vertrauen auf ein reibungsloses Funktionieren der demokratischen Spielregeln auf die Statuierung wirkungsvoller Verfassungsschutzbestimmungen verzichtet wurde.

II. Die verfassungsrechtliche Legitimität von Art. 21 Abs. 2 GG ergibt sich daraus, daß Art. 21 Abs. 2 GG als Definition der funktionsgerechten Teilhabe der Parteien am demokratischen Willensbildungsprozeß verstanden werden muß.

III. Art. 21 Abs. 2 GG gehört als Staats- und Verfassungsschutznorm in den Regelungszusammenhang der Art. 9 Abs. 2 und 18 GG.

IV. Art. 21 Abs. 2 GG erfüllt im Verfassungsleben staats- und verfassungsschützende sowie rechtsstaatliche Funktionen. Die Wirksamkeit von Art. 21 Abs. 2 GG als Staats- und Verfassungsschutznorm ist jedoch fragwürdig. Dies folgt insbesondere daraus, daß der Vorrang der systemkonformen Abwehr verfassungsfeindlicher Parteien beachtet werden muß. Aus diesem Grunde liegt es nahe, insoweit die eigentliche Funktionserfüllung von Art. 21 Abs. 2 GG nicht in der Normanwendung selbst zu sehen, sondern in deren Vorfeld: die durch Art. 21 Abs. 2 GG provozierte Diskussion über die Frage der Verfassungswidrigkeit wird regelmäßig einen wirksameren Staats- und Verfassungsschutzbeitrag leisten als die Stellung des Verbotsantrags.

V. Die Interpretation der beiden Schutzobjekte des Art. 21 Abs. 2 GG hat sich primär an der Schutz-Funktion dieser Verfassungsvorschrift sowie dem tatbestandlichen Zuordnungsverhältnis der Schutzobjekte zu orientieren. Unter Berücksichtigung dieser Auslegungskriterien ergibt sich, daß der Begriff „freiheitliche demokratische Grundordnung" als Schutzbegriff für diejenigen Verfassungsinstitute fungiert, die notwendig zum demokratischen Verfahrensprinzip gehören oder zu diesem Prinzip im Verhältnis verfassungsrechtlicher Interdependenz stehen. Demgegenüber bezieht sich das Schutzobjekt „Bestand der Bundesrepublik Deutschland" auf den außerverfassungsrechtlichen Bereich, was zur Folge hat, daß durch diesen Begriff nur die realen Existenzgrundlagen der Bundesrepublik geschützt sind.

VI. Die verfassungsrechtliche Konkretisierung der den Schutzobjekten „freiheitliche demokratische Grundordnung" und „Bestand der Bundesrepublik Deutschland" zugeordneten Tatbestandselemente hat aus der Erkenntnis heraus zu geschehen, daß Art. 21 Abs. 2 S. 1 GG als Eingriffstatbestand in die politischen Freiheitsrechte Ausnahmecharakter hat und infolgedessen eine restriktive Auslegung der einzelnen materiellen Tatbestandsmerkmale geboten ist. Allerdings ist davon auszugehen, daß das grundgesetzliche Wiedervereinigungsgebot den Anwendungsbereich des materiellen Illegalisierungstatbestandes nicht einschränkt.

VII. Art. 21 Abs. 2 GG geht Art. 9 Abs. 2 GG uneingeschränkt als lex specialis vor.

VIII. Art. 21 Abs. 2 S. 2 GG stellt keine die politischen Parteien privilegierende Sonderregelung dar, sondern ist die verfassungsrechtliche Konsequenz der den politischen Parteien nach Art. 21 Abs. 1 S. 1 GG zugedachten Aufgabenstellung.

IX. Die sich aus Art. 21 Abs. 2 S. 2 GG ergebende Schutzwirkung bewirkt nicht, daß die vor dem Erlaß des Verbotsurteils für eine verfassungsfeindliche Partei ausgeübte politische Tätigkeit als rechtmäßig zu gelten hat. Aus der Schutzwirkung des Art. 21 Abs. 2 S. 2 GG ergibt sich jedoch für alle staatlichen Organe die verfassungsrechtliche Verpflichtung, bis zum Erlaß des Verbotsurteils die parteikonnexe Betätigung der Mitglieder und Anhänger einer verfassungsfeindlichen Partei insoweit zu dulden und sanktionslos zu lassen, als sie mit allgemein erlaubten Mitteln vorgenommen wird.

X. Wird bis zum verfassungsgerichtlichen Verbotsurteil der Bestand einer verfassungsfeindlichen Partei nicht unmittelbar durch staatliche Maßnahmen beeinträchtigt und können die Mitglieder und Anhänger einer solchen Partei ihre parteikonnexe Betätigung bis zum Verbotsverfahren fortsetzen, ohne mit einer Bestrafung rechnen zu müssen, so ist auch die in Art. 21 Abs. 2 S. 2 GG enthaltene Garantie der rechtsstaatlichen Ausschaltung der verfassungsfeindlichen Partei nicht verletzt. Aus Art. 21 Abs. 2 S. 2 GG ergibt sich deshalb auch kein verfassungsrechtliches Verbot, die Betätigung eines Amtsbewerbers oder Amtsträgers für eine verfassungsfeindliche Partei bereits vor dem Verbotsurteil beamtenrechtlich geltend zu machen.

XI. Die Stellung des Verbotsantrags beim Bundesverfassungsgericht ist eine politische Ermessensentscheidung der nach § 43 BVerfGG antragsberechtigten Organe. Soweit allerdings die Schutzgüter des Art. 21 Abs. 2 GG trotz der politischen Betätigung einer verfassungsfeindlichen Partei noch in keiner Weise gefährdet sind, steht die Stellung des Verbotsantrags nicht mit der eine Gefahrenlage voraussetzenden Normfunktion des Art. 21 Abs. 2 GG in Einklang, so daß das Bundesverfassungsgericht den Verbotsantrag als unzulässig zurückweisen kann (vgl. § 45 BVerfGG).

XII. Die vom Bundesgesetzgeber an den Erlaß des Verbotsurteils geknüpften Rechtsfolgen der Parteiauflösung (§ 46 Abs. 3 S. 1 BVerfGG), des Verbots der Bildung von Ersatzorganisationen (§§ 46 Abs. 3 S. 1 BVerfGG, 33 Abs. 1 ParteienG) sowie der Einziehung des Parteivermögens (§ 46 Abs. 3 S. 2 BVerfGG) geben aus der Sicht des Art. 21 GG keinen Anlaß zu verfassungsrechtlichen Bedenken. Auch der bundesgesetzlich vorgesehene Mandatsverlust für Abgeordnete, die ihr Mandat als Mitglieder einer verbotenen Partei ausüben (vgl. § 49 Abs. 1 BWahlG), ist verfassungsrechtlich unangreifbar, denn das zwischen Art. 38 und 21 GG bestehende verfassungsrechtliche Spannungsverhältnis konnte der Gesetzgeber legitimerweise zugunsten des Staatsschutzgedankens des Art. 21 Abs. 2 GG lösen. Für die entsprechenden landesgesetzlichen Regelungen ergibt sich dieselbe verfassungsrechtliche Bewertung.

Literaturverzeichnis

Abendroth, Wolfgang: Das KPD-Verbotsurteil des Bundesverfassungsgerichts. Ein Beitrag zum Problem der richterlichen Interpretation von Rechtsgrundsätzen der Verfassung im demokratischen Staat, in: ZfP Bd. III (1956), S. 305 ff.

Anschütz, Gerhard: Die Verfassung des Deutschen Reichs vom 11. August 1919. Ein Kommentar für Wissenschaft und Praxis, 14. Aufl., Berlin 1933
zit.: Kommentar

Arndt, Gottfried: Die Verfassungstreupflicht im öffentlichen Dienstrecht und das Grundgesetz, in: DÖV 1973, 584 ff.

Azzola/Lautner: Loyalitätspflicht und politische Kommunikationsrechte der Beamten, in: ZBR 1973, 125 ff.

Bachof, Otto: Verfassungswidrige Verfassungsnormen, Recht und Staat, Heft 163/164, Tübingen 1951

Badura, Peter: Kommentierung von Art. 38 GG, in: BK (siehe dort)

Bäumlin, Richard: Artikel „Demokratie", in: Evangelisches Staatslexikon, Sp. 278 ff., Stuttgart—Berlin 1966

Battis, Ulrich: Zum Ausschluß „verfassungsfeindlicher" Bewerber vom öffentlichen Dienst, in: JZ 1972, 384 ff.

Bernstein/Zweigert: Die Rehabilitierung einer aufgelösten politischen Partei, Tübingen 1972
zit.: Rehabilitierung

Böckenförde, Ernst-Wolfgang: Grundrechtstheorie und Grundrechtsinterpretation, in: NJW 1974, 1529 ff.

Böttcher, Reinhard: Die politische Treupflicht der Beamten und Soldaten und die Grundrechte der Kommunikation, Berlin 1967
zit.: Politische Treupflicht

Bonner Kommentar: Kommentar zum Bonner Grundgesetz, bearbeitet von H. J. Abraham u. a., Hamburg 1950 ff.
zit.: (Verfasser) BK

Borgs-Maciejewski, Hermann: Radikale im öffentlichen Dienst, in: Aus Politik und Zeitgeschichte, Beilage B 27/73 vom 7. 7. 1973 der Wochenzeitung „Das Parlament"

Bracher, Karl Dietrich: Parteienstaat, Präsidialsystem, Notstand. Zum Problem der Weimarer Staatskrise (1962), veröffentlicht in: Von Weimar zu Hitler — 1930—1933, S. 58 ff., hrsg. von Gotthard Jasper, Köln—Berlin 1968
zit.: Parteienstaat

Brunner, Erich Edwin: Die Problematik der verfassungsrechtlichen Behandlung extremistischer Parteien in den westeuropäischen Verfassungsstaaten

(unter vergleichender Berücksichtigung Westdeutschlands, Österreichs, Frankreichs und der Schweiz), Zürich 1965
zit.: Behandlung extremistischer Parteien

Conze, Werner: Die Krise des Parteienstaates in Deutschland 1929/30 (1954), veröffentlicht in: Von Weimar zu Hitler — 1930—1933, S. 27 ff., hrsg. von Gotthard Jasper, Köln—Berlin 1968
zit.: Krise des Parteienstaates

Čopić, Hans: Grundgesetz und politisches Strafrecht neuer Art, Tübingen 1967

Dagtoglou, Prodromos: Die Parteipresse. Ihr verfassungsrechtlicher und politischer Standort (Zugleich ein Beitrag zur Auslegung der Art. 5, 9, 18 und 21 GG), Berlin 1967
zit.: Parteipresse

Denninger, Erhard: Staatsrecht 1, Reinbek (bei Hamburg) 1973

Dürig, Günter: Grundrechtsverwirklichung auf Kosten von Grundrechten, in: summum ius, summa iniuria — Individualgerechtigkeit und der Schutz allgemeiner Werte, S. 80 ff., Tübingen 1963
zit.: Grundrechtsverwirklichung

— Kommentierung der Art. 1, 11, 18, 19 GG, in: Maunz-Dürig-Herzog (siehe dort)

Ehmke, Horst: Prinzipien der Verfassungsinterpretation, in: VVDStRL Heft 20 (1963), S. 53 ff.

Evers, Hans-Ulrich: Artikel „Verfassungsschutz", in: Evangelisches Staatslexikon, Sp. 2365 ff., Stuttgart—Berlin 1966

— Kommentierung von Art. 91 GG, in: Bonner Kommentar (siehe dort)

Fenske, Hans: Wahlrecht und Parteiensystem. Ein Beitrag zur deutschen Parteiengeschichte, Frankfurt 1972
zit.: Wahlrecht und Parteiensystem

Forsthoff, Ernst: Begriff und Wesen des sozialen Rechtsstaates, in: VVDStRL Heft 12 (1954), S. 8 ff.

— Der introvertierte Rechtsstaat und seine Verortung, in: Der Staat 1963, S. 385 ff.

— Zur Problematik der Verfassungsauslegung, Heidelberg 1961
zit.: Verfassungsauslegung

Friesenhahn, Ernst: Parlament und Regierung im modernen Staat, in: VVDStRL 16 (1958), S. 9 ff.

Fromme, Karl Friedrich: Von der Weimarer Verfassung zum Bonner Grundgesetz. Die verfassungspolitischen Folgerungen des Parlamentarischen Rates aus Weimarer Republik und nationalsozialistischer Diktatur, Tübingen 1960
zit.: Weimarer Verfassung

Geiger, Willi: Gesetz über das Bundesverfassungsgericht vom 12. März 1951, Kommentar, Berlin und Frankfurt am Main 1952
zit.: Kommentar

Hamann/Lenz: Das Grundgesetz für die Bundesrepublik Deutschland vom 23. Mai 1949, Kommentar, 3. Aufl., Neuwied und Berlin 1970
zit.: Kommentar

Häberle, Peter: Die Wesensgehaltsgarantie des Art. 19 Abs. 2 Grundgesetz. Zugleich ein Beitrag zum institutionellen Verständnis der Grundrechte und zur Lehre vom Gesetzesvorbehalt, 2. Aufl., Karlsruhe 1972
zit.: Wesensgehaltsgarantie

Hartmann, Dieter-Dirk: Verwirkung von Grundrechten, in: AöR 95 (1970), S. 567 ff.

Henke, Wilhelm: Das Recht der politischen Parteien, 2. Aufl., Göttingen 1972
zit.: Parteienrecht

— Jurisprudenz und Soziologie, in: JZ 1974, S. 729 ff.

— Kommentierung von Art. 21 GG, in: BK (siehe dort)

— Verteidigung der Demokratie durch Parteiverbot oder Parteiquarantäne, in: JZ 1973, 293 ff.

Herzog, Roman: Kommentierung von Art. 5 GG, in: Maunz-Dürig-Herzog (siehe dort)

Hesse, Konrad: Der Rechtsstaat im Verfassungssystem des Grundgesetzes, in: Staatsverfassung und Kirchenordnung, Festgabe für Rudolf Smend zum 80. Geburtstag, S. 71 ff., Tübingen 1962
zit.: Rechtsstaat

— Die normative Kraft der Verfassung, Recht und Staat, Heft 222, Tübingen 1959
zit.: Normative Kraft

— Die verfassungsrechtliche Stellung der politischen Parteien im modernen Staat, in: VVDStRL Heft 17 (1959), S. 11 ff.

— Grundzüge des Verfassungsrechts der Bundesrepublik Deutschland, 7. Aufl., Karlsruhe 1974

Heydte, Friedrich August Frhr. v.: Freiheit der Parteien, in: Die Grundrechte, hrsg. von Neumann-Nipperdey-Scheuner, Zweiter Band, S. 457 ff., Berlin 1954
zit.: Die Grundrechte Bd. II

Höver, Bernd: Das Parteiverbot und seine rechtlichen Folgen, jur. Diss., Bonn 1975
zit.: Parteiverbot

Hopt, Klaus J.: Was ist von den Sozialwissenschaften für die Rechtsanwendung zu erwarten, in: JZ 1975, 341 ff.

Ipsen, Knut: Kommentierung von Art. 87 a GG, in: Bonner Kommentar (siehe dort)

Isensee, Josef: Der Beamte zwischen Parteifreiheit und Verfassungstreue. Zur Vereinbarkeit der Mitgliedschaft in einer verfassungsfeindlichen Partei, in: JuS 1973, 265 ff.

— Das legalisierte Widerstandsrecht. Eine staatsrechtliche Analyse des Art. 20 Abs. 4 Grundgesetz, Bad Homburg v. d. H.—Berlin—Zürich 1969
zit.: Widerstandsrecht

Jasper, Gotthard: Die abwehrbereite Demokratie, München 1965

— Von Weimar zu Hitler — 1930—1933, Köln—Berlin 1968

Kirchheimer, Otto: Politische Justiz, Verwendung juristischer Verfahrensmöglichkeiten zu politischen Zwecken, Neuwied und Berlin 1965
zit.: Politische Justiz

Klein, Hans H.: Die Grundrechte im demokratischen Staat. Kritische Bemerkungen zur Auslegung der Grundrechte in der deutschen Staatsrechtslehre der Gegenwart, Stuttgart—Berlin—Köln—Mainz 1974

— Zur Berufung von Mitgliedern der Verfassungsfeindlichkeit verdächtiger Parteien und Vereinigungen in das Beamtenverhältnis, in: Festschrift für E. R. Huber, S. 75 ff., Göttingen 1973
zit.: Berufung

Klein, Franz: Kommentierung der § 43—47 BVerfGG, in: Bundesverfassungsgerichtsgesetz, Kommentar von Maunz, Sigloch, Schmidt-Bleibtreu, Klein, München 1967 ff.

Kölble, Josef: Das Einschreiten des Bundes bei Staatsnotständen nach Art. 91 Abs. 2 GG, in: Die Polizei 1960, 88 ff.

Kriele, Martin: Das demokratische Prinzip im Grundgesetz, in: VVDStRL Heft 29 (1971), S. 46 ff.

— Kommunisten als Beamte?, in: ZRP 1971, 273 ff.

Lechner, Hans: Bundesverfassungsgerichtsgesetz, Kurzkommentar, 3. Aufl., München 1973
zit.: Kommentar

Leibholz, Gerhard: Volk und Partei im neuen deutschen Verfassungsrecht, in: DVBl. 1950, 194 ff.

— Verfassungsrechtliche Stellung und innere Ordnung der Parteien. Ausführung und Anwendung der Art. 21 und 38 Abs. 1 S. 2 des Grundgesetzes, Verh. d. 38. DJT 1950 (1951), S. C 2 ff.

— Der Strukturwandel der modernen Demokratie, in: ders., Strukturprobleme der modernen Demokratie, 3. Aufl., Karlsruhe 1967

Leibholz/Rinck: Gundgesetz für die Bundesrepublik Deutschland, Kommentar an Hand der Rechtsprechung des Bundesverfassungsgerichts, 4. Aufl., Köln-Marienburg 1971

Leibholz/Rupprecht: Bundesverfassungsgerichtsgesetz, Rechtsprechungskommentar, Köln-Marienburg 1968
zit.: Kommentar

Lipphardt, Hanns-Rudolf: Die Gleichheit der politischen Parteien vor der öffentlichen Gewalt. Kritische Studie zur Wahl- und Parteienrechtsjudikatur des Bundesverfassungsgerichts, Berlin 1975

Lüttger, Hans: Ist § 90 a Absatz 2 StGB verfassungswidrig?, in: Goltammer's Archiv für Strafrecht 1958, 181 ff.

v. Mangoldt/Klein: Das Bonner Grundgesetz, Kommentar, Bd. I, Berlin und Frankfurt a. M. 1957
zit.: Kommentar

Martin, Ernst: Extremistenbeschluß und demokratische Verfassung, in: Aus Politik und Zeitgeschichte, Beilage B, 50/73 vom 15. 12. 1973 der Wochenzeitung „Das Parlament"
zit.: Extremistenbeschluß

Maunz, Theodor: Deutsches Staatsrecht, 1. Aufl. 1951, 19. Aufl. 1973
zit.: Staatsrecht

— Kommentierung der Art. 21 und 38 GG, in: Maunz-Dürig-Herzog (siehe dort)

Maunz-Dürig-Herzog: Grundgesetz, Kommentar, München, Stand Dezember 1973
zit.: (Verfasser) Kommentar

Maurer, Hartmut: Das Verbot politischer Parteien. Zur Problematik des Art. 21 Abs. 2 GG, in: AöR 96 (1971), S. 203 ff.

— Die Mitgliedschaft von Beamten in verfassungsfeindlichen Parteien und Organisationen, in: NJW 1972, 601 ff.

Mühl, Otto: Kommentierung des § 52 BBG, in: Fürst, Finger, Mühl, Niedermaier, Beamtenrecht des Bundes und der Länder, GKÖD Bd. I Teil 1, Berlin 1973 ff.

Müller, Christoph: Das imperative und freie Mandat. Überlegungen zur Lehre von der Repräsentation des Volkes, jur. Diss., Bonn 1966

Müller, Friedrich: Juristische Methodik, Berlin 1971

Opp, Karl-Dieter: Methodologie der Sozialwissenschaften. Einführung in Probleme ihrer Theorienbildung, Reinbek (bei Hamburg) 1973

Rechtliche Ordnung des Parteiwesens. Bericht der vom Bundesminister des Innern eingesetzten Parteienrechtskommission, 2. unveränderte Auflage (mit Nachtrag), Frankfurt—Berlin 1958
zit.: Parteienrechtskommission

Pfeiffer/Strickert: KPD-Prozeß. Dokumentarwerk zu dem Verfahren über den Antrag der Bundesregierung auf Feststellung der Verfassungswidrigkeit der Kommunistischen Partei Deutschlands vor dem Ersten Senat des Bundesverfassungsgerichts, 1.—3. Band, Karlsruhe 1956
zit.: Dokumentarwerk

Plümer, Egon: Mitgliedschaft von Beamten und Beamtenanwärtern in verfassungsfeindlichen Parteien, in: NJW 1973, 4 ff.

Rapp, Horst: Das Parteienprivileg des Grundgesetzes und seine Auswirkungen auf das Strafrecht, jur. Diss., Tübingen 1970
zit.: Parteienprivileg

Reissmüller, Johann Georg: Anmerkung zum Urteil des BVerfG vom 21.3.1961
— 2 BvR 27/60, in: JZ 1961, 232 ff.

Ridder, Helmut: Aktuelle Fragen des KPD-Verbots, Neuwied und Berlin 1966
zit.: KPD-Verbot

— Meinungsfreiheit, in: Die Grundrechte, hrsg. von Neumann-Nipperdey-Scheuner, Zweiter Band, S. 243 ff., Berlin 1954
zit.: Die Grundrechte Bd. II

Rudolph, Wolfgang: Die Mitgliedschaft von Beamten und Angestellten des öffentlichen Dienstes in nicht verbotenen verfassungsfeindlichen Parteien und Vereinigungen, in: DVBl. 1967, 647 ff.

Ruhrmann, H. W.: KPD-Verbotsurteil des Bundesverfassungsgerichts und Staatsschutz-Rechtsprechung des Bundesgerichtshofs, in: NJW 1956, 1817 ff.

Ruland, Michael: Der Begriff der freiheitlichen demokratischen Grundordnung im Grundgesetz für die Bundesrepublik Deutschland. Zugleich ein Beitrag zur Problematik des Verfassungsschutzes, jur. Diss., Berlin 1971
zit.: Grundordnung

Rupp, Hans: Abweichende Meinung zur Begründung des Beschlusses des Zweiten Senats des Bundesverfassungsgerichts vom 22. Mai 1975, in: NJW 1975, 1650 f.

Schäfer, Ludwig: Die politische Treuepflicht des öffentlichen Dienstes, in: BayVBl. 1973, 169 ff.

Scheuner, Ulrich: Das Mehrheitsprinzip in der Demokratie, Opladen 1973
zit.: Mehrheitsprinzip

— Diskussionsbeitrag im Rahmen der Aussprache über das Thema „Prinzipien der Verfassungsinterpretation", in: VVDStRL 20 (1963), S. 125 f.

— Gegenstand und Träger des Verfassungsschutzes, in: BayVBl. 1963, S. 65 ff.

— Erfahrungen und Probleme des geltenden Beamtenrechts für die politische Stellung des Beamten, in: Scheuner/v. Merkatz, Die politischen Pflichten und Rechte des deutschen Beamten — Öffentlicher Dienst zwischen Parteiung und Staatsräson, S. 15 ff., Baden-Baden 1962
zit.: Erfahrungen und Probleme des geltenden Beamtenrechts

— Probleme und Verantwortungen der Verfassungsgerichtsbarkeit in der Bundesrepublik, in: DVBl. 1952, 293 ff.

Schick, Walter: Bonner Grundgesetz und Weimarer Verfassung — heute, in: AöR 94 (1969), S. 353 ff.

— Radikalenprobleme und kein Ende. Zu den Gesetzentwürfen von Bundesregierung und Bundesrat, in: ZBR 1975, 1 ff.

Schmid, Carlo: Weimar — Chancen und Risiken einer Verfassung, Rundfunkvortrag, veröffentlicht in: Carlo Schmid, Politik und Geist, S. 32 ff., München 1964
zit.: Weimar — Chancen und Risiken

Schmidt-Bleibtreu/Klein: Kommentar zum Grundgesetz für die Bundesrepublik Deutschland, 3. Aufl., Neuwied und Berlin 1973
zit.: Kommentar

Schmitt, Carl: Die Diktatur des Reichspräsidenten nach Art. 48 der Reichsverfassung, in: VVDStRL Heft 1 (1924), S. 63 ff.

— Hüter der Verfassung, Tübingen 1931

— Verfassungslehre, München und Leipzig 1928

Schmitt, Walter Oskar: Der Begriff der freiheitlichen demokratischen Grundordnung und Art. 79 Abs. 3 des Grundgesetzes, in: DÖV 1965, 433 ff.

Schmitt Glaeser, Walter: Mißbrauch und Verwirkung von Grundrechten im politischen Meinungskampf. Eine Untersuchung über die Verfassungsschutzbestimmung des Art. 18 GG und ihr Verhältnis zum einfachen Recht, insbesondere zum politischen Strafrecht, Bad Homburg v. d. H.—Berlin—Zürich 1968
zit.: Verwirkung

Schneider, Hans: Betrachtungen zum Gesetz über das Bundesverfassungsgericht, in: NJW 1953, 802 ff.

Schön, Walter: Grundlagen der Verbote politischer Parteien als politische Gestaltungsfaktoren in der Weimarer Republik und in der Bundesrepublik, jur. Diss., Würzburg 1974
zit.: Grundlagen

Schuster, Rudolf: Relegalisierung der KPD oder Illegalisierung der NDP? Zur politischen und rechtlichen Problematik von Parteiverboten, in: ZfP Bd. XV (1968), S. 413 ff.

Schweiger, Karl: Parteienprivileg und dienstrechtliche Treuepflicht, in: JZ 1974, 743 ff.

Seifert, Karl-Heinz: Zum Verbot politischer Parteien, in: DÖV 1961, 81 ff.

— Zur Rechtsstellung der politischen Parteien, in: DÖV 1956, 1 ff.

Semler, Jutta: Dürfen Beamte verfassungsfeindlichen Parteien angehören?, in: ZBR 1971, 107 ff.

Smend, Rudolf: Das Recht der freien Meinungsäußerung, in: Staatsrechtliche Abhandlungen und andere Aufsätze, 2. Aufl., S. 89 ff., Berlin 1968

Sontheimer, Kurt: Antidemokratisches Denken in der Weimarer Republik (1963), veröffentlicht in: Deutschland zwischen Demokratie und Antidemokratie, München 1971, S. 38 ff.
 zit.: Antidemokratisches Denken

Starck, Christian: Politische Parteien, Heft 13 der Reihe „Verfassungsrecht in Fällen", Baden-Baden 1970

Stein, Ekkehart: Staatsrecht, 3. Aufl., Tübingen 1973

Stern, Klaus: Zur Verfassungstreue der Beamten, München 1974

Thoma, Richard: Die Funktionen der Staatsgewalt. Grundbegriffe und Grundsätze, in: Handbuch des Deutschen Staatsrechts, Zweiter Band, § 71, S. 108 ff., Tübingen 1932
 zit.: HdbDStR II

Wagner, Joachim: Verfassungsfeindliche Propaganda (§ 86 StGB). Ein Beitrag zu den Grenzen politischer Meinungsfreiheit in der Bundesrepublik, jur. Diss., Berlin 1971
 zit.: Verfassungsfeindliche Propaganda

Weiß, Hans-Dietrich: Disziplinarrecht des Bundes und der Länder — Gesamtkommentar Öffentliches Dienstrecht Band II, Berlin 1974
 zit.: GKÖD Bd. II

Wernicke, K. G.: Kommentierung von Art. 21 (Erstbearbeitung), in: Bonner Kommentar (siehe dort)

Willms, Günther: Art. 18 GG und der strafrechtliche Staatsschutz, in: NJW 1964, 225 ff.

— Das Staatsschutzkonzept des Grundgesetzes und seine Bewährung, Karlsruhe 1974
 zit.: Staatsschutzkonzept

— Die Organisationsdelikte. Eine gesetzeskritische Betrachtung, in: NJW 1957, 565 ff.

— Staatsschutz im Geiste der Verfassung, Frankfurt und Bonn 1962
 zit.: Staatsschutz

Winkler, Hans-Joachim: Die Weimarer Demokratie. Eine politische Analyse der Verfassung und der Wirklichkeit, Berlin 1963
 zit.: Weimarer Demokratie

Zacher, Hans F.: Schlußbeitrag im Rahmen der Aussprache über das Thema „Das demokratische Prinzip im Grundgesetz", in: VVDStRL Heft 29 (1971), S. 134 f.

Printed by Libri Plureos GmbH
in Hamburg, Germany